essentials

Essentials liefern aktuelles Wissen in konzentrierter Form. Die Essenz dessen, worauf es als „State-of-the-Art" in der gegenwärtigen Fachdiskussion oder in der Praxis ankommt, komplett mit Zusammenfassung und aktuellen Literaturhinweisen. Essentials informieren schnell, unkompliziert und verständlich

- als Einführung in ein aktuelles Thema aus Ihrem Fachgebiet
- als Einstieg in ein für Sie noch unbekanntes Themenfeld
- als Einblick, um zum Thema mitreden zu können.

Die Bücher in elektronischer und gedruckter Form bringen das Expertenwissen von Springer-Fachautoren kompakt zur Darstellung. Sie sind besonders für die Nutzung als eBook auf Tablet-PCs, eBook-Readern und Smartphones geeignet.

Essentials: Wissensbausteine aus Wirtschaft und Gesellschaft, Medizin, Psychologie und Gesundheitsberufen, Technik und Naturwissenschaften. Von renommierten Autoren der Verlagsmarken Springer Gabler, Springer VS, Springer Medizin, Springer Spektrum, Springer Vieweg und Springer Psychologie.

Rosina M. Gasteiger · Jürgen Kaschube
Philipp Rathjen

Interkulturelle Führung in Organisationen

Menschen im globalen Kontext effektiv führen

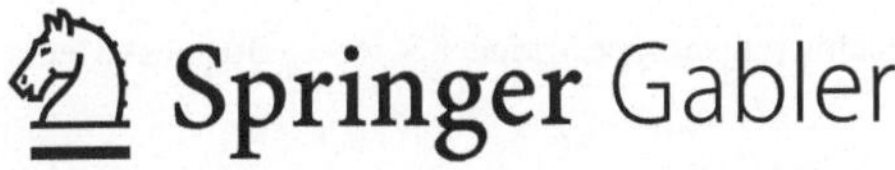

Dr. Rosina M. Gasteiger
München
Deutschland

Dr. Jürgen Kaschube
Salzburg
Österreich

Philipp Rathjen
München
Deutschland

ISSN 2197-6708 ISSN 2197-6716 (electronic)
essentials
ISBN 978-3-658-12300-0 ISBN 978-3-658-12301-7 (eBook)
DOI 10.1007/978-3-658-12301-7

Die Deutsche Nationalbibliothek verzeichnet diese Publikation in der Deutschen Nationalbibliografie; detaillierte bibliografische Daten sind im Internet über http://dnb.d-nb.de abrufbar.

Springer Gabler
© Springer Fachmedien Wiesbaden 2016

Gedruckt auf säurefreiem und chlorfrei gebleichtem Papier

Springer Fachmedien Wiesbaden ist Teil der Fachverlagsgruppe Springer Science+Business Media
(www.springer.com)

Vorwort

Ausgangspunkt dieses Buches ist der Beitrag „Interkulturelle Führung" von Kaschube, Gasteiger und Oberhauser, der 2012 in dem von Sven Grote herausgegebenen Buch „Zukunft der Führung" im Verlag Springer Gabler erschienen ist. In dem Herausgeberband wird ein Bogen über aktuelle Entwicklungen in der Führungsforschung und Herausforderungen der Führungspraxis gespannt.

In der Praxis beschränken sich Führungsaufgaben längst nicht mehr auf ein Unternehmen bzw. einen Standort. Stattdessen sind Führungskräfte gefordert, komplexe Projekte über Organisations- und Ländergrenzen hinweg erfolgreich zu managen. Ziel des vorliegenden Springer Management Essential ist es, Faktoren des Gelingens von Führung im interkulturellen Kontext herauszuarbeiten und konkrete Empfehlungen zur Förderung von interkulturell kompetentem Führungshandeln zu vermitteln. Dabei wählen wir einen „Scholar-Practitioner"-Ansatz, für den wir mit unserer beruflichen Erfahrung und Überzeugung stehen. Das heißt, wir wissen die Zweckmäßigkeit guter Theorien und evidenzbasierter Forschung zu schätzen und sind uns zugleich bewusst, dass akademische Ansätze rigoros geprüft und auf Basis der tatsächlichen Gegebenheiten in der alltäglichen Praxis verfeinert werden müssen, um letztlich einen Wertbeitrag zu stiften.

Was Sie in diesem Essential finden können

- Definition von interkultureller Führung
- Modell zur Führung von Mitarbeitern im kulturübergreifenden Kontext
- Ansätze und Indikatoren zur Einschätzung von effektivem Führungsverhalten
- Erklärungsansätze, wie interkulturelle Kompetenz erlebbar und beschreibbar wird
- Konkrete Maßnahmenempfehlungen zur Förderung interkultureller Führungskompetenz

Inhaltsverzeichnis

Die Autoren

Dr. Rosina M. Gasteiger berät und begleitet als Organisations- und Wirtschaftspsychologin internationale Unternehmen in den Bereichen Organisationsentwicklung, Führung und Talentmanagement. Anspruch in ihrer Arbeit ist stets der Brückenschlag zwischen Theorie und Praxis, d. h. wissenschaftliche Erkenntnisse für die Praxis nutzbar zu machen und somit die Potenzialentwicklung von Personen, Teams und Organisationen fundiert zu fördern.

PD Dr. Jürgen Kaschube ist Spezialist für Personal- und Organisationsentwicklung und unterstützt Organisationen bei der Initiierung und Steuerung von Veränderungsprozessen. Sein wissenschaftliches und praktisches Interesse gilt insbesondere der Entwicklung von Instrumenten zur Auswahl und Begleitung (zukünftiger) Führungskräfte sowie der Gestaltung beruflicher Laufbahnen. Er lehrt an Universitäten in München, Stuttgart und Augsburg.

Diplom-Kaufmann Philipp Rathjen ist Senior Manager bei der Airbus Group. Davor hat er zu Kultur und Technik sowie zur Förderung von Innovation geforscht und als Unternehmensberater verschiedene Internationalisierungsstrategien und Unternehmenstransformationen im In- und Ausland begleitet. Er ist Experte im Bereich Führung und Wandel in komplexen Organisationen.

Einführung – Führung im globalen Kontext

1

Die Arbeitswelt ist in den letzten Jahrzehnten erheblich komplexer, unbeständiger und unvorhersehbarer geworden. In diesem Zusammenhang wurde in den USA der Begriff „VUCA World" geprägt. Das Akronym steht für „Volatile" (volatil), „Uncertain" (ungewiss), „Complex" (komplex) und „Ambiguous" (mehrdeutig). Für den Erfolg von Organisationen wird dabei die Fähigkeit, sensibel, schnell und angemessen mit Veränderungen im globalen Kontext umzugehen zum entscheidenden Faktor. Damit steigen auch die Anforderungen an Führungskräfte, insbesondere was deren „Vielseitigkeit" anbelangt: So müssen sie unter anderem mit Mehrdeutigkeit und Unsicherheit in ihrem Arbeitsumfeld umgehen und zugleich handlungsfähig bleiben. Interkulturelle Begegnungssituationen erhöhen dabei zusätzlich die Komplexität. Die Art und Weise, wie Führungskräfte in einem dynamischen Umfeld mit ihren Mitarbeitern, Kunden, Lieferanten und anderen Interessenvertretern aus unterschiedlichen Kulturen interagieren, beeinflusst maßgeblich die Leistungsfähigkeit einer Organisation. Interkulturelle Kompetenz stellt eine wichtige Voraussetzung für den beruflichen Erfolg global agierender Führungskräfte dar. Welche Aspekte sind für das Gelingen von Führung im interkulturellen Kontext von zentraler Bedeutung? Und wie lassen sich Führungskräfte mit den erforderlichen Kompetenzen und Fähigkeiten identifizieren und fördern, um interkulturelle Begegnungssituationen im beruflichen Alltag zu meistern und die Vorteile von Diversität zum Tragen zu bringen?

© Springer Fachmedien Wiesbaden 2016
R. M. Gasteiger et al., *Interkulturelle Führung in Organisationen,* essentials,
DOI 10.1007/978-3-658-12301-7_1

Hintergrund – Die Bedeutung interkultureller Führung

Von Führungskräften wird allgemein erwartet, dass sie sich rasch auf sehr unterschiedliche Anforderungen einstellen und in der jeweiligen Situation angemessen und zielführend im Sinn der Organisation agieren. Häufig wechselnde Aufgaben, die beispielsweise von der Angebotspräsentation vor Kunden bis hin zu Leistungsbeurteilungsgesprächen mit Mitarbeitern reichen, erfordern Flexibilität im Denken und Verhalten. Die Internationalisierung von Geschäftsprozessen geht für Fach- und Führungskräfte mit zusätzlichen Anforderungen einher. Arbeitsgruppen und Teams sind zunehmend kulturell divers besetzt. Neben fachlicher Kompetenz und Fremdsprachenkenntnissen kommt es in der Zusammenarbeit mit Menschen aus anderen Kulturen darauf an, die Motivation und das Verhalten des jeweils anderen richtig zu deuten und kulturelle Unterschiede adäquat zu berücksichtigen. Differenzen im Kommunikationsverhalten sowie in Bezug auf das Zeitverständnis führen beispielsweise bei der Planung und Umsetzung von internationalen Projekten oftmals zu Missverständnissen, Frustrationen und letztlich auch zu finanziellen Einbußen. Firmenzusammenschlüsse und Auslandsentsendungen von Führungskräften scheitern häufig aufgrund kultureller Unterschiede (Cartwright 2005; Kühlmann 2004). Eine Sensibilisierung für kulturbedingte Unterschiede sowie die Reflexion darüber, wie sich die eigene kulturelle Prägung im beruflichen Alltag zeigt, stellen zentrale Voraussetzungen für das erfolgreiche Gelingen von Führung und Zusammenarbeit im kulturübergreifenden Kontext dar. Im Folgenden werden die Begriffe *Kultur* und *Führung* in Organisationen näher bestimmt.

© Springer Fachmedien Wiesbaden 2016
R. M. Gasteiger et al., *Interkulturelle Führung in Organisationen*, essentials,
DOI 10.1007/978-3-658-12301-7_2

2.1 Kultur und ihr Einfluss auf menschliches Verhalten

Die Auffassungen davon, was unter *Kultur* zu verstehen ist, gehen mehr oder weniger weit auseinander. Diese Uneinigkeit spiegelt sich in einer Vielzahl unterschiedlicher Definitionsversuche wider (vgl. House et al. 1997). Im handlungsorientierten Ansatz von Thomas (1993) wird Kultur als ein für mehrere Menschen kennzeichnendes Orientierungssystem verstanden, das ihre Zugehörigkeit zueinander definiert.

► „Kultur ist ein universelles, für eine Gesellschaft, Organisation und Gruppe (…) sehr typisches Orientierungssystem. Dieses Orientierungssystem wird aus spezifischen Symbolen gebildet und in der jeweiligen Gesellschaft usw. tradiert. Es beeinflusst das Wahrnehmen, Denken, Werten und Handeln aller ihrer Mitglieder und definiert somit deren Zugehörigkeit zur Gesellschaft" (Thomas 1993, S. 380).

Mit dem Verständnis von Kultur als Orientierungssystem, erklärt sich auch dessen Entstehung, Aufrechterhaltung und Weitergabe (Thomas und Utler 2013). Dementsprechend bildet sich Kultur überall dort, wo Menschen miteinander interagieren. Kultur ist ein maßgeblich identitätsstiftendes Unterscheidungsmerkmal von Gruppen. Der Fokus liegt auf dem geteilten Erleben. Bewertungsmaßstäbe, die Menschen im Lauf der Sozialisation verinnerlichen, helfen komplexe Umweltanforderungen zu bewältigen und stellen einen Teil der Orientierungsfunktion von Kulturen da. Schein (2004) verdeutlicht mit dem in Abb. 2.1 dargestellten Drei-Ebenen-Modell, wie tiefgreifend die Prägung durch Kultur im Kontext von Organisationen ist.

Im Modell von Schein (2004) entsteht Kultur als Zusammenspiel von drei Kulturebenen, die in wechselseitiger Beziehung zueinander stehen. Kultur in Organisationen zeigt sich demnach auf der obersten Ebene in wahrnehmbaren Artefakten (wie Leitbild, Sprache, Kleidungsstil, Raumgestaltung) und Verhaltensweisen bzw. sogenannten Praktiken (u. a. Rituale wie häufige Besprechungen, gemeinsame Feiern, Einführung neuer Organisationsmitglieder). Diese Manifestationen von Kultur sind zwar unmittelbar sichtbar, jedoch nicht immer leicht zu entschlüsseln – vielmehr lassen sie meist einen gewissen Interpretationsspielraum. Die beiden weiteren Ebenen der Kultur beeinflussen die jeweils höhere Ebene. Auf der mittleren Ebene sind Werte und Normen angesiedelt. Dabei handelt es sich um abstrakte Ideale und Vorstellungen, welche Menschen innerhalb eines kulturellen Umfeldes als Ankerpunkte ihres Handelns wahrnehmen. Werte, wie z. B. Ehrlichkeit und die Einstellung gegenüber Kunden, bestimmen – mehr noch als Artefakte – das Verhalten der Mitglieder einer Kultur. Die unterste Ebene bilden die unbewus-

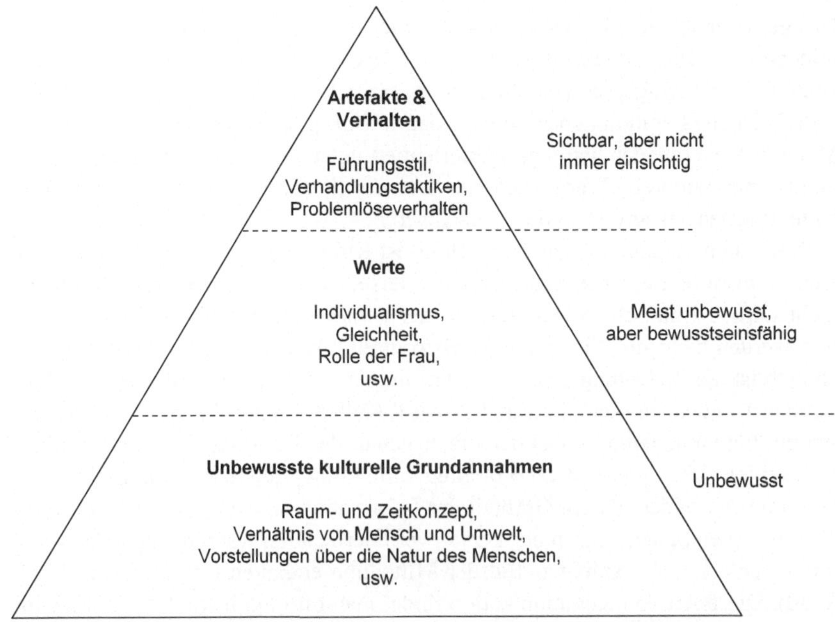

Abb. 2.1 Drei-Ebenen-Modell der Kultur nach Schein (2004; eigene Übersetzung)

sten kulturellen Grundannahmen (z. B. zur Natur des Menschen als lernfähiges Individuum, die Präferenz von zukünftigen – gegenüber gegenwärtigen oder vergangenen – Ereignissen als Handlungsreferenz). Sie sind für die Art und Weise, wie Menschen mit ihrer Umwelt interagieren, ausschlaggebend. Kulturelle Grundannahmen stellen den elementarsten Bestandteil von Kultur dar. Sie sind tief im menschlichen Denken der Mitglieder einer Kultur verwurzelt und werden nicht hinterfragt, sondern als selbstverständlich angenommen.

Werte, Normen und die Art der Wahrnehmung der Welt, formen die Einstellungen der Menschen und somit auch ihre Beziehungen untereinander. Im Modell der kulturellen Selbstrepräsentation von Erez und Earley (1993) prägt Kultur auf der Individualebene das „Selbst" und wirkt so auf das Verhalten von Organisationsmitgliedern sowie auf organisationale Strukturen und Prozesse. Nach Schein (2004) sind Werte nicht unbedingt identisch mit allgemeinen gesellschaftlichen Werten. Demnach können Werte auch auf den Äußerungen bedeutsamer Einzelpersonen basieren oder in Schriftform als Führungsgrundsätze vorliegen (Kaschube 1997). Kluckhohn (1951) definiert Werte als explizite oder implizite, für einen Einzelnen oder eine Gruppe charakteristische Auffassungen darüber, was wünschenswert ist, was gut oder schlecht ist, was sein sollte oder müsste. Werte wirken stark motiv-bildend, sie haben Maßstabscharakter, geben Orientierung und beeinflussen die Auswahl der verfügbaren Handlungsarten, -mittel und -ziele und stellen eine ge-sellschaftliche Legitimationsgrundlage dar. In Bezug auf die Zusammenarbeit von Menschen wirken sich ähnliche Wertorientierungen allgemein förderlich aus. Di-vergierende kulturelle Werte wiederum können die adäquate Auslegung von Ver-haltensweisen des jeweils anderen erschweren.

Nach dem Verständnis von Hall (1959) ist Kultur Kommunikation. Bereits die Kommunikation zwischen Menschen, die derselben Kultur angehören, ist oftmals nicht unproblematisch. Nachrichten in der zwischenmenschlichen Kommunika-tion werden nicht mit Eindeutigkeit übermittelt (Watzlawick et al. 1990). Letzt-endlich ist die Bedeutung einer Botschaft immer abhängig vom sozialen und kul-turellen Kontext, in dem sie geäußert wird. Kulturen unterscheiden sich in ihrer Art zu kommunizieren, wobei der Inhaltsgehalt des Kontextes eine maßgebliche Rolle spielt. „Bei high-context-Kommunikation muss nur sehr wenig gesagt oder geschrieben werden, da ein Großteil der Information entweder in der physischen Umgebung enthalten oder in der Person verinnerlicht ist, während nur sehr wenig im verschlüsselten, expliziten Teil der Mitteilung enthalten ist" (Hofstede 1997, S. 80). Diese Art von Kommunikation findet man oft in kollektivistischen Kultu-ren. Demgegenüber wird bei low-context-Kommunikation, die oftmals in indivi-dualistischen Kulturen vorzufinden ist, der Großteil der Informationen anhand von expliziten Codes übermittelt. Somit muss in individualistischen Kulturen vieles explizit ausgedrückt werden, was in kollektivistischen Kulturen selbstverständlich ist. Dies drückt sich zum Beispiel darin aus, dass Geschäftsverträge in individua-listischen Gesellschaften häufig wesentlich länger sind, als in kollektivistischen Gesellschaften.

Mit dem Begriff „interkulturell" kommt zum Ausdruck, dass die Interaktion von Menschen mit unterschiedlichem kulturellen Hintergrund im Fokus steht. In kulturellen Überschneidungssituationen, wie z. B. einer amerikanisch-deutschen Vertragsverhandlung, trifft die „eigene" Kultur einer Person mit der „fremden" Kultur des Gesprächspartners zusammen – es entsteht das Interkulturelle.

Exkurs: Kulturelle Überschneidungssituation
In allen Kulturen eignen sich Menschen spezifische Denk-, Fühl- und Handlungsmuster an, die sie von Menschen mit anderer kultureller Sozialisation unterscheiden (Hofstede 1993). Diese Unterschiede kommen z. B. in der verbalen und nonverbalen Kommunikation zum Ausdruck. Situationen, in der Menschen aus verschiedenen Kulturen interagieren, werden als *kulturelle Überschneidungssituationen* bezeichnet. Dabei werden Botschaften oftmals fehlinterpretiert oder nicht verstanden. Die Beteiligten sind gefordert, sich nicht nur mit ihren eigenen Motiven, Handlungszielen und Einstellungen auseinanderzusetzen, sondern zugleich auch diejenigen der Interaktionspartner adäquat zu deuten, um angemessen handeln

zu können. Für den Verlauf der Interaktion ist entscheidend, welche Orientierungssysteme die beteiligten Personen aktivieren. Zum Beispiel ist denkbar, dass sich ein deutscher Ingenieur und ein deutscher Vertriebsmitarbeiter in Alltagssituationen (z. B. gemeinsames Essen) relativ schnell einig werden, wohingegen sie sich in fachlichen Situationen aufgrund der jeweils unterschiedlichen beruflichen Sozialisation missverstehen können und es zu Konflikten kommen kann. Indessen gelingt es dem deutschen Ingenieur mit einem indischen Ingenieur potenziell schneller, ein gemeinsames fachliches Verständnis zu erzielen, während es in alltäglichen Situationen möglicherweise häufiger zu Fehlinterpretationen und Missverständnissen kommen kann (vgl. Thomas 2011).

2.2 Führung in Organisationen: Globale und interkulturelle Aspekte

In einer Vielzahl von wissenschaftlichen Arbeiten wurde versucht, die Zusammenhänge von kulturellen Unterschieden und der Führung von Mitarbeitern zu erfassen und zu verstehen. Umgangssprachlich werden mit dem Begriff *Führung* sehr unterschiedliche Bedeutungen wie z. B. Macht, Autorität, Verantwortung, Kontrolle und Steuerung in Verbindung gebracht. Auch hier gibt es in der Forschung – analog zum Begriff *Kultur* – kein einheitliches Begriffsverständnis. Das Konzept *Führung* wurde in zahlreichen Definitionsversuchen in Bezug auf Persönlichkeitseigenschaften, Verhaltensweisen, Interaktions- und Beziehungsmuster, Einflussnahme, Rollenverständnis und die Ausübung von bestimmten Tätigkeiten mit überwachender Funktion beschrieben. House et al. (2002) einigten sich im Kontext der GLOBE-Studie (siehe Kap. 3.1) auf folgende universale Begriffsbestimmung von Führung in Organisationen:

▶ **Führung** ist die Fähigkeit einer Person, auf andere Einfluss zu nehmen, sie zu motivieren und zu befähigen, zur Effektivität und zum Erfolg der Organisation, der sie angehören, beizutragen (House et al. 2002, S. 5).

Kern vieler Definitionen von Führung ist die Entwicklung eines überzeugenden Zukunftsbildes und die entsprechende Beeinflussung von Geführten, um als wichtig erachtete Ergebnisse zu erzielen. In der Literatur wird teilweise zwischen Führungskräften als „Leader" oder „Manager" differenziert. Demnach sind erstere verallgemeinernd insbesondere mit visionären, strategischen Themen und der Motivation von Mitarbeitern beschäftigt, während sich Manager vorwiegend auf das Erledigen operativer Aufgaben und deren Controlling konzentrieren. Managen und Führen sind nicht äquivalent (vgl. Kotter 2013). Die effektivsten Führungskräfte sind jedoch i. d. R. zugleich gute Manager und erfolgreiche Manager sollten idealerweise auch gute Führungskräfte sein. Der Führungs- und Organisationsforscher

Gary Yukl (2013) beschreibt Führung als Prozess der sozialen Einflussnahme, um ein gemeinschaftliches Verständnis der Ziele und die Optimierung individueller und kollektiver Arbeitsprozesse zu fördern, damit die Organisationsziele möglichst effektiv erreicht werden. Diese Begriffsbestimmung findet unter Experten auf dem Gebiet der Führungsforschung breite Zustimmung.

Mit der fortschreitenden Globalisierung und der Herausforderung von Organisationen, Synergien über geografische Grenzen hinweg nutzbar zu machen, gewann auch die Frage nach weltweit anerkannten, effektiven Führungseigenschaften und -verhaltensweisen an Bedeutung. In den 1990er Jahren richtete sich dementsprechend das wissenschaftliche Interesse auf kulturelle Besonderheiten von Führung in unterschiedlichen Ländern sowie auf die Rolle, erforderliche Fähigkeiten und Verhaltensweisen von ins Ausland entsandten Mitarbeitern. In interkulturellen und kulturvergleichenden Studien wie z. B. von Hofstede (1991) oder House et al. (2004) wurden sowohl Unterschiede als auch Ähnlichkeiten von Führung in verschiedenen kulturellen Kontexten herausgearbeitet. Seit dem Jahr 2000 rückt der Ansatz der globalen Führung immer mehr in den Mittelpunkt. Die besondere Konstellation im internationalen Kontext erfordert eine qualitativ neuartige Form von Führung, die mit spezifischen Anforderungen an Führungskräfte einhergeht. Globale Führung bezieht sich allgemein auf den Prozess der Beeinflussung des Denkens, der Einstellungen und des Verhaltens von Individuen, Gruppen und Organisationen in einem internationalen Umfeld, um eine gemeinsame Vision und entsprechende Ziele zu erreichen (vgl. Osland und Bird 2006, S. 123). Globale Führungskräfte zeichnen sich dadurch aus, dass sie Menschen dazu inspirieren, bereitwillig eine positive Vision auf effektive Weise zu verfolgen, sowie individuelles und kollektives Wachstum fördern. Dabei sind sie u. a. gefordert, sich mit einem erhöhtem Maß an Komplexität und einem wachsenden Fluss an Informationen auseinanderzusetzen (vgl. Mendenhall et al. 2012, S. 26). Die theoretisch-konzeptionelle Fundierung des Ansatzes der globalen Führung stand bis vor kurzem weitgehend aus (vgl. Dickson et al. 2012, S. 489). Die Definition und Detaillierung des Konzeptes globaler Führung, wie sie Mendenhall et al. (2012, 2013) vorgenommen haben, erscheinen hierbei als äußerst hilfreich. Effektive globale Führungskräfte verfügen neben geschäftsbezogenen Kompetenzen über interkulturelle Kompetenzen. Nach Bird, Mendenhall, Stevens und Oddou (2010) umfasst globale Führung sechs Dimensionen von Kompetenzen. Diese lassen sich wie folgt einteilen: Kompetenzen, die sich direkt auf interkulturelle Interaktionen auf Person-Ebene oder im Rahmen von kleinen Gruppen beziehen (und entscheidend für die Effektivität von Expatriates und globale Führung sind) und Kompetenzen, die sich auf das Meistern von eher übergeordneten, globalen geschäftsbezogenen Herausforderungen beziehen.

Einigkeit besteht darin, dass globale Führung interkulturelle Kompetenzen erfordert (vgl. Bird et al. 2010). Interkulturelle Führung ist jedoch nicht notwendigerweise ein Bestandteil von globaler Führung. So ist zum Beispiel eine deutsche Führungskraft, die von New York aus ein Team deutscher Mitarbeiter in München sowie eine Gruppe von deutschen Mitarbeitern in Singapur leitet, kaum gefordert, interkulturell zu führen. Die Führungskraft und die Geführten sind in diesem Fall zwar physisch voneinander getrennt, stehen sich jedoch kulturell nahe.

Die interkulturelle Führungsforschung konzentriert sich vorwiegend auf unmittelbare Führungsbeziehungen und nimmt dabei eine überwiegend psychologische Perspektive ein (vgl. Guthey und Jackson 2011, S. 175 f.). Die nähere Bestimmung der Begriffe Führung und Kultur durch den Zusatz „inter" bezieht sich auf die kulturelle Herkunft der Führungskraft, die sich von der Kultur der Geführten unterscheidet. Bei der interkulturellen Führung steht die Interaktion zwischen Personen mit unterschiedlicher kultureller Herkunft im Vordergrund. Spezifiziert man die oben genannte Definition von Führung nach House et al. (2002) entsprechend, so lässt sich interkulturelle Führung wie folgt definieren:

▶ **Interkulturelle Führung** ist die Fähigkeit einer Person, auf Menschen mit anderer kultureller Herkunft Einfluss zu nehmen, sie zu motivieren und zu befähigen, zur Effektivität und zum Erfolg der Organisation, der sie angehören, beizutragen.

In den meisten neueren Führungstheorien findet das Zusammenspiel von Führungsperson und Geführten Berücksichtigung. Allgemein können Führungstheorien danach eingeteilt werden, welche der folgenden Konzepte im Mittelpunkt stehen:

- Die Persönlichkeitseigenschaften, Fähigkeiten und Verhaltensweisen der Führungskraft
- Die Beziehung zwischen Führungskraft und Geführten (z. B. partizipativ)
- Der Prozess des Führens (z. B. Einfluss auf Veränderungen)

Neuere Führungstheorien verbinden diese Konzepte und verknüpfen damit Perspektiven aus der Komplexitätsforschung. Nach der *Complexity Leadership Theory* entsteht Führung als emergenter Prozess aus einer dynamisch-komplexen Interaktion zwischen Führenden und Geführten. Die Eigenschaften der Führungskraft rücken gegenüber dem Prozess und der Interaktion in den Hintergrund (Uhl-Bien et al. 2007).

Yukl (2013) unterscheidet folgende Schlüsselvariablen von Führungstheorien: Merkmale der Führungskräfte, Merkmale der Geführten und Merkmale der Situation. Nach dem Rahmenmodell der Führung nach von Rosenstiel (2002; von

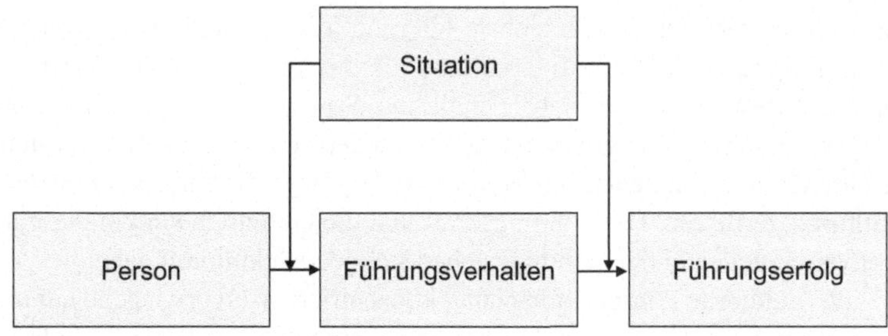

Abb. 2.2 Ein Rahmenmodell der Führung. (von Rosenstiel 2002)

Rosenstiel und Kaschube 2014, S. 691) ist konkretes Führungsverhalten stets – wie anderes Verhalten auch – eine Funktion der Person bzw. der Führungskraft und des jeweiligen situativen Kontextes (vgl. Abb. 2.2). Bestimmte Führungsstile bzw. spezifische Verhaltensweisen dürfen demnach nicht allein als Korrelat oder gar Ergebnis von überdauernden Persönlichkeitsmerkmalen interpretiert werden, die über unterschiedliche Situationen hinweg identisch sind. Vielmehr ist davon auszugehen, dass eine Führungskraft in verschiedenen Situationen auch unterschiedliche Verhaltensweisen zeigt. Zugleich führt ein bestimmtes Verhalten keineswegs in allen Situationen gleichermaßen zu Erfolg bzw. Misserfolg; was in der einen Situation – z. B. in einem spezifischen Unternehmensbereich bzw. in einer bestimmten Kultur – mit Erfolg einhergeht, kann in einer anderen Abteilung bzw. Kultur durchaus Misserfolg nach sich ziehen.

Innerhalb der diversen situativen Führungsansätze wird Kultur oftmals als zentraler situativer Moderator betrachtet, d. h. von ihr hängt ab, wie sich Führung auswirkt (für einen Überblick zu Führungstheorien siehe Yukl 2013). Die Auffassung, dass Führungskräfte ihr Verhalten und ihren Führungsstil im Hinblick auf ihre kulturell verschiedenen Mitarbeiter abwägen sollten, findet auch in der kulturvergleichenden Forschung große Beachtung (vgl. French 2010). Um in unterschiedlichen kulturellen Kontexten wirksam zu sein, ist es für Führungskräfte unerlässlich, kulturelle Unterschiede ihrer Mitarbeiter zu berücksichtigen. Nach den so genannten impliziten Führungstheorien, unterscheiden sich die Erwartungen, die an eine Führungskraft gestellt werden, in Abhängigkeit von der Kultur. Diese Erwartungen der Mitarbeiter können eine stark handlungsleitende Funktion für Führungskräfte haben und somit den Zusammenhang zwischen den kulturellen Werten einer Führungskraft und ihrem tatsächlichen Verhalten als intermediäre, d. h. vermittelnde Variable beeinflussen (vgl. Guirdham 2005; Smith et al. 1995). Des Weiteren können formelle und informelle Regeln sowie die eigenen Erfahrungen handlungsleitend wirken. Das Alter einer Führungskraft, die Branche und die Region wurden ebenfalls als Faktoren identifiziert, die Abweichungen im Führungsverhalten erklären (Guirdham 2005). Merkmale der Organisation und der Position können die Art und Weise wie eine Führungskraft handelt ebenfalls beeinflussen.

Im Hinblick auf den starken Wandel in einer zunehmend globalisierten Welt steht veränderungsorientierte Führung zunehmend im Fokus der Forschung. So hat u. a. Yukl (2013) in seiner Taxonomie des Führungsverhaltens die beiden Verhaltensdimensionen *Mitarbeiter-* und *Aufgabenorientierung* um die Dimension *Veränderungsorientierung* erweitert. Ebenso wird in den Ansätzen zur transformationalen und charismatischen Führung die Anforderung, Veränderungen in der Rolle des „Change Agents" gestaltend zu steuern, als eine der zentralen Herausforderung von Führungskräften gesehen. Schein (2004) betont, wie wichtig es ist, dass Führungskräfte Anpassungsschwierigkeiten der Organisation und ihrer Mitarbeiter an sich verändernde Umweltbedingungen erkennen. In diesem Zusammenhang beschreibt er die Fähigkeit, die Grenzen der Anpassungsfähigkeit der eigenen Organisationskultur wahrzunehmen und kulturelle Veränderungen anzustoßen, die die Lern- und Entwicklungsfähigkeit der Organisation fördern, als die Essenz von Führung.

Im Kontext von Führung und Kultur – nach Schein (2004) zwei Seiten einer Medaille – ist allgemein kritisch anzumerken, dass ein Großteil der Theorien und empirischen Forschungsarbeiten zum Thema Führung bislang aus westlichen Ländern stammt. Zwar sind beispielsweise im asiatischen Kulturraum zunehmend Forschungsaktivitäten zu verzeichnen; dabei werden allerdings oftmals Führungstheorien und entsprechende Instrumente (wie der *Multifactor Leadership Questionnaire (MLQ)* von Bass und Avolio 1990) sprachlich übersetzt und teilweise ohne inhaltliche Anpassung übernommen (Den Hartog und Koopman 2001). Auch findet über den internationalen Bildungsmarkt zunehmend eine Ausbildung von (zukünftigen) Führungskräften aus unterschiedlichen Kulturkreisen an angloamerikanischen und westeuropäischen Universitäten und damit eine Vermittlung entsprechender Führungstheorien statt. Angesichts der kulturellen Gebundenheit von Führung ist jedoch fraglich, ob es zweckmäßig ist, bestimmte Konzepte von Führung ohne weiteres auf andere Kulturkreise zu übertragen.

Bestimmte Eigenheiten von westlichen Führungstheorien – wie die Betonung des Individuums, die sich z. B. im Setzen von Anreizen für Einzelne statt für die Gruppe ausdrückt – kommen in anderen Kulturen nur bedingt zum Ausdruck. Des Weiteren variiert die Auffassung dessen, was gute Führung ist und wie sich diese zeigt, unter Angehörigen unterschiedlicher kultureller Gruppen (vgl. Hofstede 1993; House et al. 2004). Beispielsweise ist in Kulturen, die einen unterstützenden Führungsstil favorisieren, Anteilnahme unerlässlich, wohingegen dies in Kulturen, die einen autoritären Führungsstil befürworten, potenziell als Schwäche ausgelegt werden kann (Den Hartog und Koopman 2001). In Forschung und Praxis nimmt das Bewusstsein für die kulturelle Überformung von Führungsverhalten zu. Damit verknüpft ist ein Interesse, wie wirksame kulturübergreifende Führung und Zusammenarbeit in Organisationen gefördert werden können (House et al. 1997). Im Folgenden werden kurz zwei Forschungsansätze zu Führung im kulturübergreifenden Kontext vorgestellt.

Kulturelle Faktoren effektiver Führung 3

Untersuchungen von Führung im Kontext verschiedener Kulturen fanden lange Zeit überwiegend aus zwei Perspektiven statt (vgl. Dickson et al. 2003; House et al. 2004):

- In der kulturvergleichenden Forschung *(cross-cultural research)* werden bestimmte Führungskulturen in ihrer Einzigartigkeit beschrieben und einander gegenüber gestellt. Hier liegt der Fokus auf unterschiedlichen Aspekten von Führung in Abhängigkeit von der jeweiligen Gesellschaftskultur.
- In der interkulturellen Forschung *(intercultural research)* steht dagegen die Begegnung von Menschen mit unterschiedlichem kulturellen Hintergrund im Mittelpunkt. Untersucht wird dabei u. a. der „Erfolg" derartiger Interaktionen (z. B. Zielerreichung, Aufbau positiver Beziehungen).

Mittlerweile wurde der Vergleich von Kulturen sowie die Betrachtung der Interaktion von Menschen in der Forschung auf mehrere Kulturen erweitert, um der multikulturellen Realität in der Gesellschaft und in Organisationen Rechnung zu tragen. Im Folgenden werden zwei praxisorientierte Ansätze zur interkulturellen Führung vorgestellt: Zum einen der kulturvergleichende Ansatz am Beispiel der GLOBE-Studie und zum anderen der Versuch, Kernkompetenzen von Führungskräften zu beschreiben, die für effektive Führung im interkulturellen Kontext von entscheidender Bedeutung sind.

© Springer Fachmedien Wiesbaden 2016
R. M. Gasteiger et al., *Interkulturelle Führung in Organisationen,* essentials,
DOI 10.1007/978-3-658-12301-7_3

3.1 Die GLOBE-Studie: Kulturelle Faktoren effektiver Führung

Das *Global Leadership and Organizational Behaviour Effectiveness* (GLOBE)-Forschungsprogramm wurde Anfang der 1990er Jahre von Robert House an der Wharton School of Management der Universität von Pennsylvania initiiert (für eine Gesamtdarstellung der Ergebnisse siehe House et al. 2004; Chokhar et al. 2007). Dabei stand zunächst der Ansatz der charismatischen Führung und dessen Bedeutung in unterschiedlichen Ländern im Mittelpunkt. Die Zielsetzung wurde sodann auf die Beschreibung von international gültigen Führungsstandards erweitert. An der bisher umfassendsten Langzeitstudie zum Thema Führung beteiligten sich 170 Wirtschafts- und Sozialwissenschaftler aus 62 Ländern. Anhand empirischer Daten wurde dabei erkundet, wie Gesellschafts- und Organisationskulturen das Führungsverhalten in Organisationen beeinflussen. Dazu wurden mehr als 17.000 Angestellte aus den Branchen Finanzdienstleistung, Lebensmittelproduktion und Telekommunikation befragt. Bei den Studienteilnehmern handelte es sich um Mitarbeiter der mittleren Führungsebene, die durch ihre „Sandwich"-Position sowohl mit der Perspektive der Führungskraft als auch der des Mitarbeiters vertraut waren.

Ein Hauptaugenmerk des Forschungsprogramms lag auf kulturellen Werten und inwieweit sich Kulturen in Bezug auf ihre Werte ähneln bzw. unterscheiden (z. B. inwieweit vorausschauendem Planen und Investieren im Sinn von Zukunftsorientierung Wert beigemessen wird). Dabei wurde auf die in Tab. 3.1 dargestellten Kulturdimensionen zurückgegriffen, die es ermöglichen, Gemeinsamkeiten und Unterschiede von Gesellschaften in Bezug auf Normen, Werte, Überzeugungen und Praktiken zu erfassen (vgl. House et al. 2004).

Die in Tab. 3.1 skizzierten neun Dimensionen wurden sowohl in Bezug auf die Werte der Gesellschaft („so sollte es sein") als auch in Bezug auf die Praktiken innerhalb der jeweiligen Organisation („so ist es") abgefragt. Die Auswertungen ergaben zehn Kulturcluster, in die 60 Gesellschaften eingeteilt werden konnten (vgl. Abb. 3.1). In den Gesellschaften, die ein Cluster bilden, ist die kulturelle Ähnlichkeit in Bezug auf Wertvorstellungen und Verhaltensweisen am größten.

Zwischen den Kulturclustern ließen sich sowohl signifikante Unterschiede als auch Gemeinsamkeiten in der Bewertung der Kulturdimensionen feststellen. Leistungsorientierung und auf Gruppen bezogener Kollektivismus (In-Group-Kollektivismus) wurden beispielsweise durchweg als positiv erachtet. Dahingegen wurde Machtdistanz in allen Kulturen als weniger wünschenswert eingeschätzt. Besonders deutliche Wertunterschiede zwischen Kulturen zeigten sich hingegen in Bezug auf Unsicherheitsvermeidung, Bestimmtheit und Zukunftsorientierung.

Tab. 3.1 Kulturdimensionen der GLOBE-Studie

Kulturdimensionen	Definition
Machtdistanz	Beschreibt inwieweit Ungleichverteilung von Macht akzeptiert wird
Unsicherheitsvermeidung	Beschreibt inwieweit mit Hilfe von Normen und Regeln versucht wird, unsichere Situationen zu vermeiden bzw. künftige Entwicklungen zu kontrollieren
Geschlechtergleichheit	Beschreibt inwieweit Gesellschaften traditionelle Geschlechterrollen ablehnen und eine Gleichbehandlung von Frauen und Männern fördern
Bestimmtheit	Beschreibt inwieweit bestimmtes, aggressives und konfliktfreudiges Verhalten in sozialen Beziehungen toleriert wird
Zukunftsorientierung	Beschreibt inwieweit Menschen in Bezug auf die Planung und Vorsorge für die Zukunft aktiv sind
Leistungsorientierung	Beschreibt inwieweit eine Gesellschaft individuelle Leistung belohnt und honoriert
Human-Orientierung	Beschreibt inwieweit eine Gesellschaft Menschen ermutigt und belohnt fair, altruistisch und großzügig zu anderen zu sein
Institutioneller Kollektivismus	Beschreibt inwieweit Organisationen und soziale Institutionen eine Gleichverteilung der Ressourcen und ein gemeinsames Handeln fördern
In-Group-Kollektivismus	Beschreibt inwieweit Menschen Stolz und Loyalität in Bezug auf Familien oder Organisationen ausdrücken, was bei hoher Ausprägung mit starkem Zusammenhalt einhergeht

Eine Prämisse der GLOBE-Studie ist, dass effektives Führungsverhalten kontextabhängig und damit in die gesellschaftlichen und organisationalen Normen, Werte und Glaubensvorstellungen der Menschen, die geführt werden, eingebettet ist. Nach der Kategorisierungstheorie der Führung von Lord und Maher (1991) hat jeder Mensch implizite Vorstellungen davon, wie Führungskräfte aussehen und handeln. Diese Vorstellungen entstehen durch frühe Erfahrungen mit Führungspersonen und sind u. a. kulturell überformt. Sie entwickeln sich zu Erwartungen darüber, was gute Führung ist. Diese Erwartungen dienen wiederum als individueller Maßstab dafür, ob eine Führungskraft als effektiv erachtet wird – also die richtigen Dinge tut – und ob es lohnenswert erscheint, sich ihr anzuschließen.

In der GLOBE-Studie wurde demnach untersucht, was die befragten Manager von einer exzellenten Führungskraft erwarten und wie diese Vorstellung in Abhängigkeit von der Kultur variiert. Eine Kernfrage lautet: Gibt es Verhaltensweisen von Führungskräften, die kulturübergreifend akzeptiert und als effektiv erachtet werden? Dabei wurde folgendes Begriffsverständnis von Führung zugrunde gelegt:

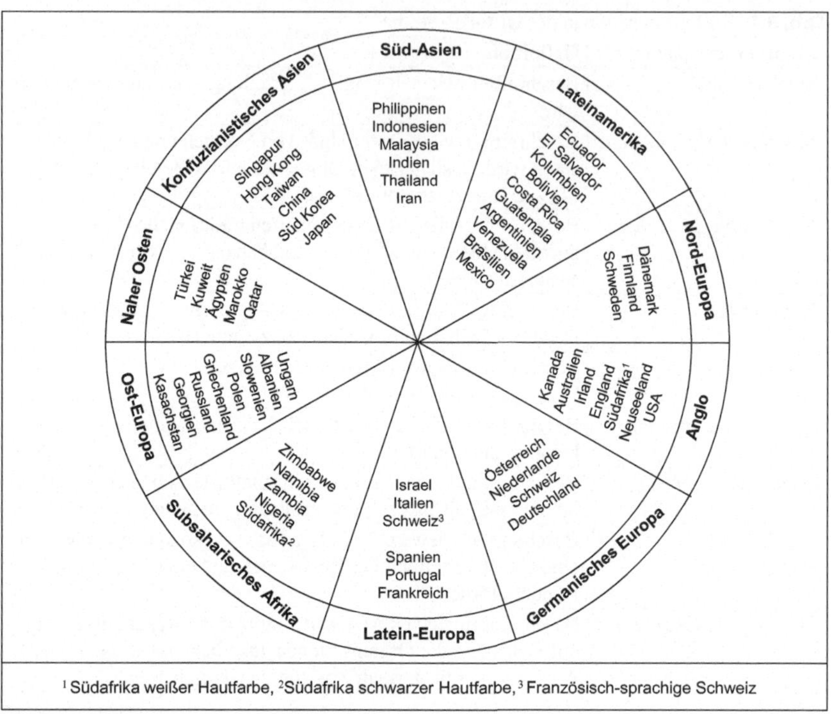

Abb. 3.1 Cluster der Weltkulturen als Ergebnis der GLOBE-Studie. (In Anlehnung an House et al. 2004)

> Eine herausragende Führungskraft zeichnet sich durch außergewöhnliche Fähigkeiten aus, andere Menschen oder Gruppen zu motivieren, zu beeinflussen oder zu befähigen, um zum Erfolg der Organisation beizutragen.

Die Befragten sollten Adjektive (wie z. B. entscheidungsfreudig, vertrauenswürdig, bescheiden) danach einstufen, ob sie Teil des Verhaltensspektrums von herausragenden, effektiven Führungskräften sind. Daraus verdichteten sich in der Auswertung sechs Prototypen von Führungsstilen. Abbildung 3.2 zeigt die GLOBE-Dimensionen effektiver Führung in der Reihenfolge von der größten bis zur geringsten kulturellen Übereinstimmung.

Der GLOBE-Studie zufolge werden weltweit charismatische, teamorientierte und überwiegend auch partizipative Ansätze von Führung als wünschenswert eingestuft. Wie stark der jeweilige Führungsstil favorisiert wird, schwankt jedoch in

	FÜHRUNGSSTIL	VERHALTEN	MERKMALE
Allgemein am wünschenswertesten	**Charismatisch / wertebasiert**	✓ Betont hohe Standards, Entschiedenheit und Innovation ✓ Ist bestrebt Menschen über eine Vision zu inspirieren ✓ Schafft eine Begeisterung, Leistung zu erbringen durch das Festhalten an starken Grundwerten	Visionär, inspirierend, selbstaufopfernd, integer, entschieden und leistungsorientiert
	Teamorientiert	✓ Fördert Stolz, Loyalität und Zusammenarbeit von Organisationsmitgliedern ✓ Würdigt Teamzusammenhalt, gemeinsame Vorsätze und Ziele	Auf Teamarbeit ausgerichtet, integrierend, diplomatisch und organisatorisch kompetent
	Partizipativ	✓ Fördert den Beitrag von anderen zu Entscheidungsfindung und Umsetzung ✓ Betont Delegation und Gleichheit	Nicht-autokratisch
Allgemein am wenigsten wünschenswert	**Human**	✓ Betont Mitgefühl und Großzügigkeit ✓ Ist geduldig, unterstützend und kümmert sich um das Wohlbefinden von anderen	Bescheiden und menschenorientiert
	Selbst-schützend	✓ Prozessorientiert, statusbewusst und Gesicht bewahrende Verhaltensweisen ✓ Konzentriert sich auf Sicherheit	Selbstzentriert, statusbewusst, vermeidet Gesichtsverlust
	Autonom	✓ Unabhängig, individualistisch, selbstzentriert	Autonom

Abb. 3.2 Führungsdimensionen und ihr wahrgenommener Einfluss auf effektive Führung im internationalen Vergleich. (In Anlehnung an Miladinovic 2014)

Abhängigkeit von der Kultur. Beispielsweise wird ein partizipativer Führungsstil in den Regionen „Anglo", „Germanisches Europa" und „Nord-Europa" stark befürwortet, während er in den Regionen „Mittlerer Osten", „Konfuzianisches Asien", „Ost-Europa" und „Süd-Asien" auf weniger großen Anklang stößt. Auch ein humanorientierter Führungsstil wird in den meisten Kulturen als förderlich für effektives Führen erachtet; in manchen Kulturen – wie z. B. in Frankreich – wird jedoch die Ansicht vertreten, dass ein höflicher und mitfühlender zwischenmenschlicher Umgang effektive Führung eher erschwert. Größere kulturelle Unterschiede waren in Bezug auf defensive und autonomieorientierte Führung zu verzeichnen. In manchen Kulturen wurden diese beiden Führungsstile als förderlich für effektives Führen, in den meisten Kulturen jedoch als störend empfunden.

Die unterschiedliche Akzeptanz verschiedener Führungsstile zeigt sich auch in Bezug auf konkrete Verhaltensweisen. Die Auswertungen der GLOBE-Studie zeigen, dass Führungeigenschaften wie Ehrgeiz, Begeisterungsfähigkeit und Risikobereitschaft in Abhängigkeit von der jeweiligen Gesellschaftskultur sehr unterschiedlich eingeschätzt werden. Beispielsweise variiert die Bewertung der Risikobereitschaft einer Führungskraft mit dem Grad an Unsicherheit, der in einer Gesellschaft toleriert wird (vgl. die Kulturdimension „Unsicherheitsvermeidung"). Dies verdeutlicht die Verknüpfung kultureller Werte mit unterschiedlichen Vorstellungen von effektiver Führung. Für Führungskräfte, die in anderen Kulturen effektiv sein wollen, ist es daher unerlässlich, kulturspezifische Werte- und Überzeugungssysteme zu verstehen.

Das Spektrum der Bewertung der einzelnen Führungsstile in verschiedenen Gesellschaften ist sehr differenziert: Die Auswertungen der GLOBE-Studie belegen, dass im Detail sowohl erhebliche Unterschiede zwischen Ländern aus verschiedenen Kulturclustern als auch zwischen benachbarten Staaten aus einem Cluster vorherrschen. Zugleich existieren gewisse Grunderwartungen an Führungskräfte, die in allen Kulturen als Kriterien guter Führung gelten: Führungskräfte, die charismatisch und teamorientiert führen, sind universell gefragt. Dabei erwarten Menschen in allen 62 Ländern von Führungskräften vor allem Eigenschaften, die sich auf Verbesserungsorientierung (z. B. Tatkraft, hohe Leistungsorientierung, positives Denken, vorausschauendes Planen und Handeln, Entscheidungsfreude, Ehrlichkeit, Gerechtigkeit, Motivation und Weiterentwicklung von anderen) sowie Teamorientierung (organisatorisches Geschick, effektive Kommunikation und Förderung von Kooperation) beziehen.

Hierbei ist jedoch zu beachten, dass sich die Art und Weise wie diese universellen Eigenschaften von effektiven Führungskräften zum Ausdruck kommen, von Kultur zu Kultur mehr oder weniger unterscheiden. Beispielsweise erwarten Geführte in Deutschland oder Frankreich von einer Führungskraft, die als entschlussfreudig gilt, dass Entscheidungen präzise und durchdacht gefällt werden. Demgegenüber zeichnen sich entscheidungsfreudige Führungskräften in den USA durch schnelle und ungefähre Entscheidungen aus.

Allgemein sind die Ergebnisse der GLOBE-Studie als Tendenzen zu betrachten. Neben gesellschaftskulturellen Differenzen tragen verschiedene Organisationskulturen ebenso wie die Persönlichkeit und die individuellen Erfahrungen des Einzelnen zu einem komplexen Gesamtbild von Führung bei. Die Werte und Vorstellungen einer Kultur können sich, wenn meist auch langsam, durchaus ändern.

Exkurs: Führung „made in Germany"
Die Ergebnisse der GLOBE-Studie zeigen, dass deutsche Führungskräfte hohe Werte bei Unsicherheitsvermeidung, Individualismus und Bestimmtheit aufweisen. Des Weiteren wurde ein Vertrauen auf staatliche Interventionen deutlich (vgl. Brodbeck und Frese 2007). Hohe Leistungsorientierung, technische Kompetenz, Autonomie, Direktheit, konstruktive Auseinandersetzungen und Partizipation werden in Deutschland – neben charismatischer Führung – als Elemente effektiver Führung angesehen. Deutsche Führungskräfte weisen im internationalen Vergleich eine mittelmäßig ausgeprägte Teamorientierung sowie eine geringe Humanorientierung auf. Zugleich gaben viele der Befragten an, sich einen weniger harten Umgang im sozialen Miteinander zu wünschen. Der leistungs- und aufgabenorientierte Führungsstil war jahrzehntelang in einem Umfeld („deutsches Wirtschaftswunder") erfolgreich, in dem die Beschäftigten durch das Sozialsystem gut abgesichert waren und der Organisationsleitung als Kollektiv entgegentreten konnten. Die schwindende institutionelle Absicherung der Beschäftigten wirft jedoch die Frage auf, ob ein vorwiegend leistungs- und aufgabenorientierter Führungsstil auch in Zukunft noch derart erfolgreich sein kann.

Insgesamt folgen aus der GLOBE-Studie nützliche Erkenntnisse darüber, welches Führungsverhalten in welchen Kulturen akzeptiert und als effektiv erachtet wird. Die Ergebnisse bilden eine Art „Weltatlas der Führungskulturen", der die Unterschiede und Gemeinsamkeiten guter Führung in verschiedenen Kulturen aufzeigt. Die Erkenntnisse der GLOBE-Studie können Führungskräfte unterstützen, ihre eigenen mitunter kulturbedingten Neigungen und Präferenzen sowie die zum Teil ähnlichen und zum Teil unterschiedlichen Erwartungen von Mitarbeiter an Führungskräfte besser zu verstehen. Auf Basis dessen kann gezielt an der Erweiterung des individuellen Handlungsrepertoires gearbeitet werden, um auch in der Zusammenarbeit mit Menschen aus unterschiedlichen Kulturen effektiv zu sein.

Kritische Auseinandersetzungen mit der GLOBE-Studie beziehen sich im Wesentlichen auf die beiden folgenden Punkte, die bei interkulturellen Studien generell zu beachten sind (vgl. Dickson et al. 2003):

1. Der Fokus der GLOBE-Studie lag auf Aspekten von Führung (wie z. B. Partizipation), die insbesondere in westlichen Kulturen von zentraler Bedeutung sind. Weitere Gesichtspunkte von Führungsverhalten, die in anderen Kulturkreisen potenziell ebenso eine wichtige Rolle spielen (wie z. B. der Aufbau eines auf Langfristigkeit angelegten Beziehungsnetzwerks), wurden somit möglicherweise nicht ausreichend berücksichtigt.
2. Nicht betrachtet wurde, dass bestimmte Merkmale von Führung (z. B. Partizipation) in verschiedenen Gesellschaftskulturen zwar ähnlich positiv bewertet werden, sich aber in der Art und Weise, wie sich diese gegenüber den Geführten zeigen bzw. von ihnen wahrgenommen werden, maßgeblich unterscheiden. So kann sich partizipative Führung sowohl in der Beteiligung von Mitarbeitern an der strategischen Zielbestimmung als auch in intensiver Kommunikation und umsetzungsbezogene Einbindung manifestieren.

Des Weiteren gilt zu berücksichtigen, dass die in der GLOBE-Studie verwendeten Skalen so konzipiert sind, dass sich mögliche kulturelle Unterschiede auf gesellschaftlicher, nicht jedoch auf individueller Ebene erklären lassen. Auch wenn Menschen von der Gesellschaft, in der sie leben, durchaus geprägt werden, handeln sie aufgrund ihrer Persönlichkeit, ihrer individuellen Erfahrungen und ihres Umfeldes mehr oder weniger unterschiedlich. Nicht zuletzt sollte auch der Wandel von Kulturen, der sich in einer globalisierten Welt langsam aber stetig vollzieht, nicht gänzlich außer Acht gelassen werden.

3.2   Vorbedingung effektiven Handelns: Interkulturelle Intelligenz und Kompetenz

Neben der kulturvergleichenden Perspektive, die z. B. der GLOBE-Studie zugrunde liegt, wurde des Öfteren die Frage untersucht, welche Kompetenzen Führungskräfte mitbringen müssen, um in kulturellen Überschneidungssituationen erfolgreich agieren zu können. Führungskräfte sind im Alltag zunehmend gefordert, multikulturelle Teams zu leiten und interkulturelle Begegnungen zu meistern, was mit zusätzlichen Anforderungen einhergeht. Vertraute Denk- und Verhaltensmuster können nicht einfach auf die jeweilige Situation übertragen bzw. bei allen Teammitgliedern vorausgesetzt werden. Dementsprechend rücken Konzepte in den Vordergrund, die ein übergreifendes kulturelles Verständnis thematisieren wie

- kulturelle Intelligenz und
- interkulturelle Kompetenz(en).

Ein Ziel ist dabei, erfolgskritische Kompetenzen für effektive Führung im globalen Kontext abzuleiten und damit einen Beitrag für die Praxis der Personalführung zu leisten.

Interkulturelle Kompetenz
Arbeiten im interkulturellen Kontext erfordert, mit unterschiedlichen Werten, Einstellungen und Verhaltensweisen von Menschen zurecht zu kommen. Zudem ist es von Bedeutung, sich wichtiger Aspekte der eigenen Kultur bewusst zu sein und zu verstehen, wie diese die Arbeitsbeziehungen mit Menschen aus anderen Kulturen beeinflussen kann. Interkulturelle Kompetenz wird allgemein als die Fähigkeit verstanden, in verschiedenen kulturellen Kontexten effektiv handeln zu können (vgl. Leung et al. 2014). Sie stellt eine Bezugsdimension dar, die wie eine Folie hinter den anderen Teilkompetenzen beruflichen Handelns liegt (vgl. Abb. 3.3). Interkulturelle Kompetenz ist als Schlüsselqualifikation für jede Person, die direkt mit Angehörigen anderer Kulturen kooperiert, zu betrachten (Moosmüller 1996; für einen Überblick siehe Scheitza 2009).

Caligiuri und Tarique (2012) konnten einen Zusammenhang zwischen Persönlichkeitseigenschaften (Offenheit für Erfahrungen, Extraversion und emotionale Stabilität) und (arbeitsbezogen und nicht-arbeitsbezogen) interkulturellen Erfahrungen als Prädiktoren von dynamischen interkulturellen Kompetenzen (z. B. Ambiguitätstoleranz) zeigen. Diese Kompetenzen sagten wiederum die Vorgesetztenbeurteilungen der Effektivität von Führungskräften im globalen Kontext voraus. Die Vielzahl an Ansätzen zur Bestimmung der inhaltlichen Ausgestaltung

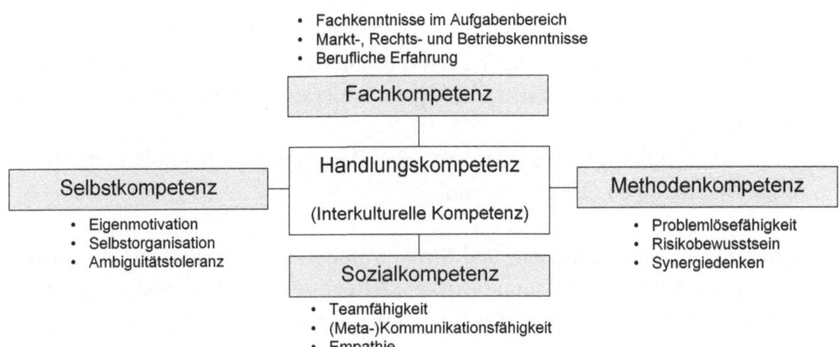

Abb. 3.3 Beispiel für ein Kompetenzmodell unter Berücksichtigung der interkulturellen Kompetenz. (vgl. Bolten 2007)

interkultureller Kompetenz lässt sich nach Bolten (2007) in Listen-, Struktur- und Prozessmodelle einteilen. Dabei mündete der Versuch, die für erfolgreiche interkulturelle Begegnungen erforderlichen bzw. förderlichen Faktoren zu bestimmen, zunächst in der Auflistung und relativ isolierten Betrachtung von Kompetenzelementen. Beispielsweise wurde für die folgenden Merkmale ein positiver Zusammenhang mit erfolgreicher interkultureller Führung gefunden (vgl. Earley und Ang 2003):

- Flexibilität im Denken und Verhalten
- Offenheit für neue Erfahrungen
- Fähigkeit, Unsicherheit zu tolerieren
- Empathie

Neben solchen Listen schaffen Strukturmodelle eine Ordnung der einzelnen Kompetenzelemente. Dazu wird oftmals eine Einteilung in affektive (z. B. Ambiguitäts- und Frustrationstoleranz), kognitive (z. B. Verständnis für kulturelle Unterschiede bezüglich Wahrnehmung, Denken, Einstellungen und Verhaltensweisen) und verhaltensorientierte (z. B. Kommunikations- und Konfliktlösefähigkeit) Aspekte vorgenommen (vgl. Gertsen 1990). Dies wird auch als das ABC der interkulturellen Kompetenz bezeichnet (von engl. affections, behavior, cognitions). Kompetenzelemente, die für interkulturelle Kompetenz von Bedeutung sind, lassen sich nach Leung et al. (2014) auch wie folgt einteilen:

- *Interkulturelle Einstellungen und Weltanschauungen* – die Art und Weise, wie Personen andere Kulturen oder Informationen, die nicht aus ihrer eigenen Kultur stammen, wahrnehmen.

- *Interkulturelle Eigenschaften* – diese beziehen sich auf persönliche Merkmale, die das typische Verhalten einer Person in interkulturellen Situationen bestimmen (z. B. Aufgeschlossenheit, Ambiguitätstoleranz, Ausdauer und emotionale Belastbarkeit).
- *Interkulturelle Fähigkeiten* – das, was eine Person tun kann, um bei interkulturellen Interaktionen effektiv zu sein.

Allgemein stellt sich bei Listen- und Strukturmodellen die Frage, wie die einzelnen Kompetenzelemente zusammenwirken. Affektive Aspekte müssen z. B. angemessen in Handlungen umgesetzt werden, um interkulturell erfolgreich zu wirken (Bolten 2006). Auch bleibt ungeklärt, wie die Teilkompetenzen zu gewichten sind, d. h. inwieweit einzelne Kompetenzelemente im Vergleich zu anderen in bestimmten Situationen vermehrt erforderlich sind. Demgegenüber betonen Prozessmodelle die Dynamik des Zusammenwirkens eines Bündels von Faktoren, die sich wechselseitig ergänzen oder teilweise auch ersetzen können. Bolten (2007), der ein Prozessmodell interkultureller Kompetenz vorgelegt hat (vgl. Abb. 3.3), versteht interkulturelle Kompetenz als eine nicht-additive Synergie, die sich in der Situation entfaltet und den dynamischen Charakter von Kultur berücksichtigt.

Bird et al. (2010) entwickelten auf Grundlage von Forschungsergebnissen zur globalen Führung und Entsendung von Mitarbeitern das *Global leadership competency model*. Dabei werden 17 Dimensionen von interkultureller Kompetenz im globalen Führungskontext auf die folgenden drei Faktoren verdichtet:

- *Wahrnehmungsmanagement* – Dimensionen: Unvoreingenommenheit, Wissbegierde, Ambiguitätstoleranz, Weltoffenheit und die Neigung, andere zu akzeptieren und miteinzubeziehen.
- *Beziehungsmanagement* – Dimensionen: Interesse, neue Kontakte und Beziehungen aufzubauen, zwischenmenschliches Engagement, Einfühlungsvermögen und Sensitivität, Selbstwahrnehmung der eigenen Stärken und Entwicklungsfelder in Bezug auf zwischenmenschliche Fähigkeiten sowie soziale Verhaltensflexibilität.
- *Selbstmanagement* – Dimensionen: Optimismus, Selbstvertrauen, Selbstbewusstsein, emotionale Belastbarkeit, Stressresistenz, Fähigkeit zur Stressverarbeitung sowie die Flexibilität, persönliche Interessen durch neue Interessen zu ersetzen, die in der jeweiligen Kultur adäquater sind.

Um zu erklären, in welcher Beziehung die drei Faktoren interkultureller Kompetenz zum breiteren Repertoire von globalen Führungskompetenzen stehen, ziehen Bird et al. (2010) das in Abb. 3.4 dargestellte Pyramidenmodell globaler Füh-

Abb. 3.4 Pyramidenmodell globaler Führungskompetenzen. (Nach Bird und Osland 2004; Osland 2008)

rungskompetenzen (Bird und Osland 2004; Osland 2008) heran. Demnach sind die Wahrnehmungs-, Selbst-, und Beziehungsmanagementfaktoren auf der Ebene der grundlegenden Persönlichkeitseigenschaften, der Einstellungen und Orientierungen sowie der interpersonellen Fähigkeiten in der Pyramide anzusiedeln. Globales Wissen bildet das Fundament und systembezogene Fähigkeiten stellen die Spitze der Pyramide dar.

Das *Global leadership competency model* ist ein relativ neuer, umfassender Ansatz, der Eigenschaften (z. B. Wissensdurst), Einstellungen und Weltanschauungen (z. B. Weltoffenheit) sowie Fähigkeiten (z. B. Vertrauen und Beziehungen aufbauen) verknüpft. Mit dem *Global Competencies Inventory (GCI)* liegt ein umfassendes Instrument zur Selbsteinschätzung von individuellen Merkmalen vor, die mit interkulturellem Verhalten und globalen Führungsfähigkeiten assoziiert werden (siehe Kap. 4.2).

Kulturelle Intelligenz

Eine andere Akzentuierung haben u. a. Ng und Earley (2006) sowie Thomas et al. (2008) mit dem Konzept der *kulturellen Intelligenz (Cultural Intelligence)* gewählt. Dabei handelt es sich um eine theoretische Weiterentwicklung aktueller Ansätze zum Verständnis von individueller Intelligenz und interkultureller Kompetenz (vgl. Earley und Ang 2003, S. 16). Unter *Intelligenz* versteht man allgemein die Fähigkeit einer Person, problemspezifische Informationen korrekt zu erfassen und Aufgaben effektiv zu lösen (vgl. Schmidt und Hunter 2000). Intelligenz ist einer der besten Vorhersagekriterien für berufliche Leistung. Holistisch betrachtet beinhaltet Intelligenz neben der intellektuellen Komponente auch soziale und emotionale Aspekte. Emotionale Intelligenz (vgl. Schulze et al. 2006) und kulturelle Intelligenz weisen einige Gemeinsamkeiten auf. Beide Ansätze beinhalten die Fähigkeit, eigene und fremde Empfindungen wahrzunehmen, zutreffend zu deuten und zu beeinflussen sowie die Fähigkeit, Beurteilungen zurückzustellen und nicht vorschnell auf unbekannte Situationen zu reagieren, d. h. erst zu denken und dann zu handeln (vgl. Kittler et al. 2009). Eine Person, die sich in ihrem gewohnten kulturellen Umfeld emotional intelligent verhält (z. B. mit anderen Menschen Kontakte knüpft), kann sich in einem anderen kulturellen Umfeld jedoch auch weniger intelligent und somit ineffektiv verhalten (vgl. Earley und Mosakowski 2004, S. 139 f.). Emotionale Intelligenz reicht somit nicht aus, um mit kultureller Diversität effektiv umgehen zu können. Personen mit kultureller Intelligenz gelingt es auszuloten, wie sich z. B. die Reaktionen des jeweiligen Gegenübers von den eigenen unterscheiden und die eigene Kommunikation so anzupassen, um gleich gute Resultate zu erzielen wie mit Menschen aus dem eigenen Kulturkreis.

Kulturelle Intelligenz ist demnach die Fähigkeit, in neuen und ungewohnten Kontexten kompetent zu handeln; dies beinhaltet, dass sich eine Person in anderen Kulturen orientieren, mit fremden Phänomenen umgehen und mit Menschen, die unterschiedliche kulturelle Dispositionen aufweisen, konstruktiv kommunizieren kann (Earley et al. 2006). Es werden vier Dimensionen kultureller Intelligenz unterschieden (vgl. Leung et al. 2014):

1. *Metakognitive kulturelle Intelligenz*: Die mentale Fähigkeit, sich kulturspezifisches Wissen anzueignen und bewusst anzuwenden; dies beinhaltet auch das Nachdenken über Kultur und die eigene Rolle in ihr.
2. *Kognitive kulturelle Intelligenz*: Das Wissen über Kulturen und kulturelle Unterschiede sowie Strategien um kulturelle Aspekte zu analysieren.
3. *Motivationale kulturelle Intelligenz*: Die Fähigkeit, sich anzustrengen, um kulturelle Unterschiede wirksam bewältigen zu können.
4. *Verhaltensbezogene kulturelle Intelligenz*: Die Fähigkeit sich in kulturellen Überschneidungssituationen flexibel zu verhalten.

Kulturelle Intelligenz stellt die Grundlage für die Entwicklung kultureller Kompetenz dar. Sie beinhaltet die Reflexion von Wissen über die eigene kulturelle Gebundenheit und andere Kulturen sowie von individuellen Erfahrungen. Soziale Kompetenzen – wie z. B. Einfühlungsvermögen – sind eine Vorbedingung und zugleich Ergebnis dieses Reflexionsprozesses. Doch erst das Einüben von kulturell angemessenem Verhalten, d. h. das Sammeln von praktischen Erfahrungen bei realen interkulturellen Begegnungen, fördert den Aufbau eines wirkungsvollen Verhaltensrepertoires, das sowohl effektives Handeln als auch die individuelle Gestaltung der jeweiligen Umwelt ermöglicht (vgl. Earley et al. 2006).

Die zielführende Interaktion mit Personen unterschiedlicher kultureller Herkunft erfordert sowohl ein ausgeprägtes Wahrnehmungsvermögen als auch die Fähigkeit, sich entsprechend anpassen zu können. Kulturelle Intelligenz beinhaltet die Fähigkeit, die mehrdeutigen Gesten einer Person so zu interpretieren, wie es ihre Landsleute tun würden oder diese gar zu spiegeln (Earley und Mosakowski 2004). Sie befähigt eine Person, kulturell bedingtes Verhalten von universalem und rein individuellem Verhalten zu unterscheiden und von der kulturellen Vielfalt zu profitieren. Allgemein stellt das Erkennen und Nutzen von Mustern in neuen Kontexten eine Schlüsselfähigkeit von global erfolgreichen Führungskräften dar. Dazu ist es unerlässlich, sich zu reflektieren und seiner selbst bewusst zu sein, verschiedene Perspektiven einnehmen zu können und die Perspektive der Geführten im jeweiligen Kontext zu verstehen. Diese Haltung zu entwickeln erfordert sowohl Zeit als auch die Motivation, kontinuierlich zu lernen.

Interkulturelle Kompetenz kann zusammengefasst als ein Bündel von Merkmalen und Potenzialen verstanden werden, die die Anpassung an andere Kulturen erleichtern. Kulturelle Intelligenz, als spezielle Form der Intelligenz, hilft dabei, sich in neue kulturelle Situationen einzufinden. Der Blick kann dabei auf individuelle Vorbedingungen oder auf den Prozess des Kompetenzerwerbs und die Verarbeitung von wahrgenommenen Informationen gerichtet werden. In beiden Fällen spielen das Wissen über Kulturen und Kulturunterschiede, soziale Kompetenzen und eine ausgeprägte Motivation zur Auseinandersetzung mit der kulturell unterschiedlichen Situation eine wichtige Rolle. Im Konzept der kulturellen Intelligenz liegt der Fokus jedoch deutlich stärker auf *Metakognitionen* – d. h. der Auseinandersetzung mit den eigenen kognitiven Prozessen (wie Einstellungen, Gedanken und Meinungen) als Treiber eines möglichen Entwicklungsprozesses mit dem Ziel, die produktive Handlungsfähigkeit aller Beteiligten zu steigern (vgl. Earley et al. 2006).

Der globale Wirtschaftskontext wird zunehmend komplexer, dynamischer und vieldeutig. Damit hängt die internationale Wettbewerbsfähigkeit von Organisationen, die über Landesgrenzen hinweg tätig sind, maßgeblich von interkulturell kompetenten Führungskräften ab. Viele Unternehmen bieten daher internationale Führungskräfteentwicklungsprogramme an, um den zunehmenden Bedarf an Führungskräften, die Geschäfte und Mitarbeiter über geografische, zeitliche und funktionale Grenzen hinweg erfolgreich steuern können, zu decken (Caligiuri und Tarique 2012).

Holt und Seki (2012) fordern dazu auf, die wachsenden Anforderungen an Führungskräfte, mit kulturellen Unterschieden, Paradoxien, Komplexität und Veränderungen erfolgreich umzugehen, in Kompetenzmodellen adäquat zu berücksichtigen. Dazu ist es erforderlich, etablierte westlich-geprägte Kompetenzmodelle, die oftmals als Basis für die Auswahl und Entwicklung von Führungskräften herangezogen werden, grundlegend zu überarbeiten und u. a. dynamischen Aspekten Rechnung zu tragen. Im Folgenden wird ein Modell für effektives Führungshandeln im interkulturellen Kontext vorgestellt, um einen Rahmen für die Auswahl und Entwicklung von Führungskräften zu schaffen. Anschließend stehen die Diagnostik sowie Implikationen für Führungskräfteentwicklungsmaßnahmen im Fokus.

4.1 Ein interkulturelles Führungsmodell für Organisationen und Führungskräfte

Für effektives Führungshandeln ist es unerlässlich, die eigenen Grundannahmen zu (er)kennen. Mentale Modelle bzw. innere Bilder über die Welt haben einen entscheidenden Einfluss darauf, wie Ereignisse interpretiert werden und welche (Re-)

© Springer Fachmedien Wiesbaden 2016
R. M. Gasteiger et al., *Interkulturelle Führung in Organisationen*, essentials,
DOI 10.1007/978-3-658-12301-7_4

Aktionen darauf folgen (vgl. Johnson 2008). Des Weiteren ist es wichtig, sich der eigenen Motive, Ziele, Fähigkeiten und Lernfelder bewusst zu sein. Dementsprechend sollten Maßnahmen zur Führungskräfteentwicklung allgemein an vier Aspekten ansetzen (vgl. Conger 1992):

- *Finding my true self*: Training von Führung aus humanistischer Perspektive mit Fokus auf persönlichem Wachstum (z. B. durch Reflektion)
- *Understanding the leadership difference*: Förderung des konzeptuellen Verstehens von Führung und dazugehöriger Aufgaben (z. B. durch selbstgesteuertes Lernen)
- *Skill-building*: Entwicklung und Erweiterung von Kenntnissen und Fertigkeiten (z. B. durch Job-Rotation oder erfahrungsorientierte Übungen)
- *Looking into the mirror*: Feedback zu individuellen Stärken und Entwicklungsfeldern (z. B. durch Assessments und Coaching)

Um interkulturell kompetente Führungskräfte zu fördern, bedarf es eines Modells messbarer Kompetenzen. Es kann sich motivierend auf Mitarbeiter und Führungskräfte auswirken, konkrete Anhaltspunkte dazu, welche Kompetenzen im globalen Kontext erforderlich sind zu entwickeln und somit das Erkennen von entsprechenden Stärken und Lernfeldern sowie von Fortschritten zu ermöglichen (vgl. Bird et al. 2010). Holt und Seki (2012) plädieren dafür, Kompetenzmodelle grundlegend zu überarbeiten und dabei der zunehmenden Komplexität und Veränderung im internationalen Kontext adäquat Rechnung zu tragen, statt herkömmlichen Kompetenzmodellen lediglich eine „globale Kompetenz" hinzuzufügen.

In dem in Abb. 4.1 dargestellten generischen Führungsmodell werden drei Aspekte von Führung – *leading oneself, leading others und leading business globally*, d. h. sich selbst, andere und Geschäfte im globalen Kontext führen – unter Berücksichtigung des kulturellen Aspektes auf der Vertikalen zwischen den beiden Polen Individuum und Organisation dargestellt. Zugleich werden kognitive, affektive und verhaltensbezogene Aspekte differenziert. „Selbstführung", d. h. die Fähigkeit, sich selbst zu reflektieren und die Bereitschaft, sich zu verändern, bildet in dem Modell die Grundlage für jegliches Führungshandeln. Zugleich erfordert effektive Führung von Menschen und Arbeitsgruppen bzw. Teams („Menschen und Teams führen") interpersonelle und interkulturelle Kompetenzen (wie z. B. Einfühlungsvermögen) sowie die Fähigkeit, die Dynamiken in einer Gruppe von Menschen zu verstehen und steuern zu können. Unternehmerische Fähigkeiten und Know-How in der Begleitung von Veränderungsprozessen sind für das Führen von Organisationen und Veränderungen unerlässlich. Dabei gilt es, die jeweilige Situation, die organisationalen Rahmenbedingungen und den kulturellen Kontext adäquat zu berücksichtigen und agil zu handeln.

Interkulturelle Agilität

	Kognitiv	Emotional	Verhaltensbezogen
Führung von Organisationen & Veränderungen	• Geschäftssinn • Verständnis von Veränderungsprozessen • Entwicklung einer Vision und Zielsetzung	• Beachtung und Anerkennen vielseitiger emotionaler Zustände • Eigene emotionale Stabilität angesichts komplexer und paradoxer Situationen	• Entscheidungen unter Unsicherheit treffen • Erfolgreich verhandeln • Veränderungen initiieren und gestalten
Führung anderer (Individuen, Gruppen, Teams)	• Wissen um die kulturelle Gebundenheit anderer • Bezugsrahmen wechseln, eigene Überzeugungen temporär zurückstellen • Reflexion von Gelerntem	• Interkulturelle Sensitivität und Achtsamkeit • Interesse und Offenheit • Gefühle anderer erkennen und entsprechend interagieren • Ambiguitäts- u. Stresstoleranz	• Zuhören und fragen • Klare Ziele setzen • Effektives Feedback geben • Langfristiger Aufbau und Pflege von Beziehungen
Selbst-führung	• Bewusstsein der eigenen kulturellen Gebundenheit, individuellen Stärken und Lernfelder • Ziele setzen	• Selbstmotivation • Impulskontrolle und emotionale Selbstbeherrschung	• Zielgerichtetes Initiieren und Durchführen von Handlungen • Feedback einholen und eigenes Führungs-verhalten optimieren

Abb. 4.1 Facetten effektiven Führungshandelns im interkulturellen Kontext anhand von Beispielen

Das hier vorgestellte Modell kann – auch in Kombination mit dem in Abb. 3.4 vorgestellten Pyramidenmodell – als Richtschnur für die Auswahl von Führungskräften und das Design von internationalen Führungskräfteentwicklungsprogrammen in der Praxis dienen. Maßgeblich dabei sind die damit verfolgten Ziele, die wiederum mit dem jeweiligen Begriffsverständnis von Führung zusammenhängen, sowie die Art der Durchführung und die dabei gewählten Methoden (Allen und Hartman 2008).

4.2 Assessment von interkultureller Führungskompetenz

Nahezu alle Ansätze der beruflichen Eignungsdiagnostik, wie z. B. strukturierte Interviews und Assessment Center, wurden mittlerweile auch in Bezug auf interkulturelle Kompetenzen und Führung adaptiert (u. a. Volmer und Staufenbiel 2006; Mertesacker 2010). Dabei können Kompetenzen erfahrungsbezogen und verhaltensnah überprüft werden. Zugleich kann damit in gewissem Maße eine realistische Vorschau im Hinblick auf Auslandsentsendungen oder andere interkulturelle Situationen gegeben werden, die es den Kandidaten ermöglicht, sich mit den damit verbundenen Anforderungen auseinanderzusetzen.

Des Weiteren lassen sich anhand von standardisierten Messinstrumenten unterschiedliche Facetten von interkultureller Kompetenz valide erfassen. Dabei werden oftmals Persönlichkeitsmerkmale gemessen, die mit interkulturellen Fähigkeiten assoziiert werden (Leung et al. 2014). Zum Beispiel erfasst der *Multicultural Personality Questionnaire* (Van der Zee und Van Oudenhoven 2000) per Selbsteinschätzung folgende Persönlichkeitsfaktoren, um die Fähigkeit, in fremden Kulturen erfolgreich interagieren zu können, vorherzusagen: Kulturelle Empathie, Offenheit, soziale Initiative, emotionale Stabilität und Flexibilität. Mit dem *Global Competencies Inventory* (GCI; Bird et al. 2002) kann eine Kombination aus interkulturellen Persönlichkeitsmerkmalen, Einstellungen und Weltanschauungen sowie Fähigkeiten eingeschätzt werden (vgl. Kap. 3.2). Weniger komplex ist die *Intercultural Effectiveness Scale* (IES; Mendenhall et al. 2012), mit der drei zentrale Dimensionen von interkultureller Effektivität erfasst werden: Kontinuierliches Lernen, interpersonelles Engagement und Widerstandsfähigkeit. Bei der IES handelt es sich um ein ökonomisches Verfahren zur Diagnostik von interkultureller Kompetenz, das auch in deutscher Sprache verfügbar ist (siehe Web-Links).

Eine unkomplizierte Möglichkeit zur Selbsteinschätzung bietet z. B. das frei verfügbare Online-Tool „What's your cultural profile" von Erin Meyer, das auch für erfahrene Führungskräfte geeignet ist (siehe Web-Links). Das Ergebnis zeigt das individuelle kulturelle Profil relativ zum Normprofil einer Landeskultur auf acht bipolaren Dimensionen, bei denen kulturelle Diskrepanzen am häufigsten vorkommen:

- Kommunikation (low- vs. high-context),
- Bewertung (direktes vs. indirektes Feedback),
- Überzeugungsarbeit (durch logische Prinzipien vs. faktische Erkenntnisse),
- Führung (egalitär vs. hierarchisch),
- Entscheidungsfindung (konsensgetrieben vs. top-down),
- Vertrauen (kognitiv vs. beziehungsgesteuert),
- Unstimmigkeit (konfrontativ vs. Konfrontation vermeidend) und
- Zeitplanung (linear vs. flexibel).

Darüber hinaus kann die interkulturelle Kompetenz einer Person auch anhand von Fremdeinschätzungen (z. B. durch Vorgesetzte, Kollegen, Mitarbeiter) sowie leistungsbezogene Instrumente (z. B. Simulationen im Rahmen von *Situational Judgement Tests*) eingeschätzt werden, was in der Praxis jedoch relativ selten erfolgt (Leung et al. 2014).

Hammer et al. (1978) haben drei Leistungsdimensionen interkultureller Kompetenz identifiziert. Demnach lässt sich interkulturelle Kompetenz daran erkennen, inwieweit eine Person trotz kultureller Unterschiedlichkeit zu den Interaktionspartnern in als fremd empfundenen Situationen

- subjektive Zufriedenheit entwickeln,
- ihre Ziele verfolgen und Aufgaben erfolgreich bearbeiten sowie
- tragfähige, gegenseitig befriedigende soziale Kontakte aufbauen kann.

Die subjektive Zufriedenheit lässt sich durch Selbstauskunft, erfolgreiche Zielverfolgung und Aufgabenerfüllung durch Leistungsbeurteilung und die wechselseitig befriedigenden Sozialkontakte durch die Auskunft von bedeutsamen Interaktionspartnern einschätzen. Auf diese Art und Weise kann möglicherweise auch der Schwierigkeit begegnet werden, Kompetenzelemente isoliert zu bestimmen. In konkreten Handlungen lassen sich z. B. affektive, kognitive und verhaltensbezogene Aspekte oftmals nur schwer voneinander trennen. Inwieweit eine Person in einem fremdkulturellen Umfeld zurechtkommt und effektiv sowie angemessen handelt, unterliegt dynamischen Wechselwirkungen eines Bündels von Faktoren (vgl. Kap. 3.2).

In der Praxis fällt verantwortlichen Unternehmensvertretern die Auswahl entsprechender Assessmentverfahrung oftmals schwer. Die folgenden Fragen können dabei hilfreich sein (vgl. Holt und Seki 2012):

- Wie wird interkulturelle Führung mit dem Instrument eingeschätzt?
- Welche Ergebnisse werden vorhergesagt, insbesondere im Hinblick auf Leistung?
- Sind faire Voraussetzungen gegeben, um das Instrument weltweit in verschiedenen Sprachen einzusetzen?
- Welche Veränderungen erfassen Vorher-Nachher-Messungen und inwieweit sind diese Veränderungen vorübergehend oder dauerhaft?

4.3   Die Förderung von interkulturell kompetentem Führungsverhalten

Als Führungskraft im interkulturellen Kontext zu arbeiten ist keine einfache Aufgabe. Unterschiede in den Einstellungen, Gewohnheiten und Erfahrungen können die Kommunikation zwischen Führungskraft und Mitarbeitern erschweren. Die Konfrontation mit unbekannten Verhaltensmustern kann bei den Beteiligten Reaktionen auslösen, die sich potenziell nachteilig für die Zusammenarbeit auswirken. Das Wissen um derartige Prozesse hilft, dysfunktionale Bewältigungsstrategien zu vermeiden bzw. zu verringern. Interkulturelle Trainings zielen darauf ab, die interkulturelle Kompetenz der Teilnehmer zu fördern, um in kulturellen Überschneidungssituationen effizient Handeln zu können. Die Trainierten sollen dabei befähigt werden, kulturbedingte Herausforderungen als solche zu erkennen, ihre eigenen Erfahrungen zu reflektieren und als Lernquelle zu nutzen. Informationsdefizite, Vorurteile und destruktive Stereotypisierungen sollten dagegen abgebaut werden (vgl. Thomas 1993).

Je nach Schwerpunkt sind interkulturelle Trainings *kulturübergreifend* (allgemeine Sensibilisierung für interkulturelle Situationen) oder *kulturspezifisch* (Vorbereitung auf eine bestimmte Kultur) ausgerichtet. Die dabei verwendeten Methoden wirken entweder *informatorisch* (didaktische Wissensvermittlung z. B. zu Landeskunde, Kulturstandards, Sprache in Form von Vorträgen, Videos, Fallstudien, etc.) oder *erfahrungsorientiert* (Lernen durch Interaktion in Form von Workshops, Rollenspielen, Simulationen, etc.). Bolten (2006) erläutert die sich daraus ergebenden vier Trainingsvarianten und zeigt ihre jeweiligen Vor- und Nachteile auf. *Kulturspezifisch-informatorische Trainings* beispielsweise – die in Unternehmen als Personalentwicklungsmaßnahme Anwendung finden – erweisen sich demnach dann als problematisch, wenn kulturspezifische Merkmale (z. B. in Bezug auf Führungsstile) lediglich beschrieben werden, ohne sie im komplexeren, kulturhistorischen Zusammenhang zu erklären. So kann die Verwendung von Culture-Assimilator-Übungen, die sich auf Multiple-Choice-Fragen mit kulturspezifischen Lösungsvorgaben beschränken, zu einem an „Do's" und „Don'ts" orientiertem Rezeptwissen führen, das Stereotypenbildung und starr am gelernten Schema orientiertes Verhalten eher fördert als reduziert. Ein fundierter Überblick über interkulturelle Trainingsansätze und -methoden findet sich bei Fowler und Blohm (2004).

Forschungsergebnisse belegen grundsätzlich, dass interkulturelle Trainings einen positiven Einfluss auf die Anpassungsfähigkeit, berufliche Leistung und Zufriedenheit von Expatriates haben können. Metaanalysen – d. h. Arbeiten, die den Forschungsstand zusammenfassen – zeigen jedoch, dass die Befunde uneinheitlich sind (z. B. Morris und Robbie 2001). Zudem werden Trainings in der Praxis häufig nicht evaluiert, wodurch keine Aussagen über deren Effektivität getroffen werden kann. Moosmüller (1997) zeigt auf, dass interkulturelle Trainings die Leistung von globalbesetzten Teams nicht unbedingt positiv beeinflussen, wenn der Fokus zu sehr auf den Unterschieden zwischen den Kulturen statt auf dem Finden einer gemeinsamen Basis liegt. Das Wissen um kulturelle Unterschiede ist zudem meist zu abstrakt, um die Teilnehmer auf konkrete interkulturelle Interaktionsprozesse vorzubereiten. Sinnvoller ist dagegen die Vermittlung von Einstellungen und Verhaltensweisen, die eine positive Zusammenarbeit der Teammitglieder begünstigen. Dabei bildet Vertrauen die Basis für eine effektive Kooperation. Vertrauen umfasst Glaubwürdigkeit und Wohlwollen. Glaubwürdigkeit repräsentiert hierbei eher den kognitiven bzw. rationalen Aspekt und Wohlwollen eher die emotionale Seite von Vertrauen (McAllister 1995).

Mor et al. (2013) plädieren dafür, in interkulturellen Trainings metakognitive Fähigkeiten von Führungskräften zu fördern. Die individuelle kulturelle Intelligenz kann durch Training gesteigert werden (vgl. Kap. 3.2). Damit ist ein Zugewinn an Problemlösestrategien und eine Erweiterung des Handlungsspielraumes möglich. Der Ansatz, metakognitive Fähigkeiten statt kulturspezifischem Wissen zu fördern, erscheint in der heutigen Zeit in der Führungskräfte immer häufiger divers besetzte Teams leiten, bedarfsgerechter und kostengünstiger.

Trotz des beträchtlichen Aufwandes in Form von Zeit und Geld, der in vielen Unternehmen in die Entwicklung von Führungskräften investiert wird, gibt es nur wenig Einigkeit darüber, welche Ansätze zielführend und effektiv sind (vgl. Allen und Hartmann 2008). Bird et al. (2010) weisen darauf hin, dass Praktiker mit einer Vielzahl von Modellen und Vorgehensweisen konfrontiert sind, ohne konkrete Ansatzpunkte für die zeitgemäße Förderung von Führungskräften zu erhalten. Mit dem in Abb. 4.1 vorgestellten Rahmenmodell kann ein integrativer Beitrag zur Entwicklung von Führungskräften im interkulturellen Kontext geleistet werden. Zentrale Annahme hierbei ist, dass Elemente von Führung erlernt werden können und Training sowie Coaching eine wesentliche Rolle bei der Entwicklung von Führungskompetenzen einnehmen (vgl. Conger 1992). Erfolgskriterien dabei sind:

- Förderung von Metakognitionen und damit der Fähigkeit zur Selbstreflektion und Selbststeuerung in verschiedenen Settings sowie der Fähigkeit, die individuelle Führungsrolle zu gestalten *(Leading oneself in diverse settings)*
- Weiterentwicklung von interpersonellen und interkulturellen Fähigkeiten, um Arbeitsbeziehungen aufzubauen und Mitarbeiter bzw. Teams im globalen Kontext effektiv zu führen *(Leading others in a global context)*
- Gezielte Weiterentwicklung von strategischen Kompetenzen gepaart mit Knowhow, wie man international Geschäfte betreibt *(Leading business globally)*

Um die Entwicklung von Führungskompetenzen im globalen Kontext zu fördern, sollten alle drei Aspekte in Entwicklungsprogrammen adressiert werden. Die Ausgestaltung und Gewichtung der drei Aspekte orientiert sich an dem individuellen Trainingsbedarf sowie der Führungsaufgabe, die mit steigender Verantwortung komplexer wird. So kann es bei Führungskräften, die zum ersten Mal eine leitende Funktion übernehmen, sinnvoll sein, den Schwerpunkt auf „Leading oneself" zu legen und mit zunehmendem Aufgaben- und Verantwortungsbereich den Fokus in Richtung „Leading others" und „Leading business" zu verschieben. Dabei gilt es immer die Zielsetzung, die Besonderheiten der Teilnehmer (individueller Bedarf, persönliche Präferenzen, kultureller Hintergrund, etc.) und situative Faktoren (Zeit, Budget, Ort, Fähigkeiten der Trainer, etc.) zu berücksichtigen. Für den Trainingserfolg ist es unerlässlich, die Methoden so zu wählen, dass ein Transfer in den interkulturellen Führungsalltag der Trainierten möglichst gut gelingt.

Trainingsprogramme sind meist nur von kurzer Dauer und können damit den Teilnehmern oftmals nur Impulse für die Bewältigung ihrer alltäglichen Aufgaben vermitteln. Um die Arbeit in multikulturellen Teams als Lernfeld systematisch zu nutzen, empfiehlt sich die Begleitung on-the-job, d. h. in der tatsächlichen interkulturellen Situation, durch Coaching oder Follow-ups zu den Trainingsmaßnahmen (Conger 2014; Tarique und Caligiuri 2009). Beispielsweise eignet sich Peer-Coaching, um Führungskräften die Auseinandersetzung mit möglichst vielen verschiedenen interkulturellen Situationen zu ermöglichen. Dies gilt insbesondere mit Blick auf die Entwicklung von Cultural Intelligence (Ng et al. 2009), die insbesondere durch die Reflexion von Gedanken und Erfahrungen gefördert werden kann.

Fazit und Ausblick 5

Zur Förderung effektiver interkultureller Führung erweisen sich folgende Erkenntnisse aus der aktuellen Forschung als nützlich: Zum einen das Wissen um kulturelle Unterschiede und Gemeinsamkeiten in Bezug auf Führung in verschiedenen Kulturen sowie universell erwünschtes Führungsverhalten. Zum anderen Einblicke in die Kompetenzen, die Führungskräfte benötigen, um interkulturelle Arbeitssituationen zu meistern.

Die erste Perspektive zeigt, dass in unterschiedlichen Kulturen trotz fundamentaler Differenzen im Kern eine ähnliche Erwartung an effektive Führung existiert, nämlich der Wunsch nach energievoller und zur eigenen Aktivität ansteckender Führung sowie der Wunsch zu partizipieren und gemeinsame Erfolge im Team bewirken zu können. Die zweite Perspektive belegt, dass nicht nur unbedingt extrovertierte, kommunikative und tatkräftige Führungskräfte im interkulturellen Kontext eine Chance auf Erfolg haben. Vielmehr kommt der oftmals unterschätzten Fähigkeit, das individuelle Führungsverhalten in der jeweiligen Situation zu reflektieren und entsprechend zu gestalten eine entscheidende Bedeutung zu. Die Bereitschaft, sich aufgeschlossen ungewohnten Situation zu stellen und neue Erfahrungen zu machen, ist ebenso erfolgskritisch, wie die Fähigkeiten, zuzuhören, zu beobachten und Fragen zu stellen, um so Schritt für Schritt Führung im jeweiligen kulturellen Kontext zu lernen. Im Vordergrund steht dabei das sich Einlassen und Hineinfühlen in eine andere Kultur und nicht der simple Erwerb vermeintlich korrekter Verhaltensweisen.

Warum ist das mit hoher Wahrscheinlichkeit so? In einer globalisierten Welt gleichen sich Führungsstile an der Oberfläche langsam aber stetig an. Wie stark und wie schnell aber wandeln sich dann Führungskulturen und wie groß sind die Unterschiede in verschiedenen Generationen der Geführten? Welche Erwartungen richten zum Beispiel jüngere asiatische Mitarbeiter an ihre Führungskräfte, wenn sie selbst zum Teil in westlich orientierten Bildungssystemen ausgebildet

© Springer Fachmedien Wiesbaden 2016
R. M. Gasteiger et al., *Interkulturelle Führung in Organisationen,* essentials,
DOI 10.1007/978-3-658-12301-7_5

wurden? Prinzipiell scheint sich dort, wo viele interkulturelle Kontakte gepflegt werden, ein eher universeller Führungsstil zu entwickeln. Dies bedeutet zwar kein schnelles Aufgeben traditionell tief verwurzelter kultureller Werte, aber eine spürbare Anpassung auf der Verhaltensebene. Umso wichtiger wird der sorgsame Blick für die Details und inhaltlich feinen Unterschiede, da mehr und mehr ein Nebeneinander neuer und alter Denkmuster existiert, deren Wirksamkeit sich zwischen Personen und Situationen deutlich unterscheiden kann. Führungskräfte sind daher gefordert, einen differenzierenden Blick einzuüben und die jeweilige Situation zu reflektieren, um adäquat handeln zu können. Dies gilt verstärkt dort, wo Menschen aus vielfältigen Kulturen in einem Team zusammenarbeiten und Führungskräfte teilweise sehr unterschiedlichen Bedürfnissen gerecht werden müssen. Dies gilt auch für den Zusammenschluss von Unternehmen, wobei oftmals unterschiedliche Organisationskulturen und entsprechende Werte und Praktiken aufeinandertreffen.

Für die Praxis stellen sich abschließend zwei wesentliche Herausforderungen:

1. Welche Art von Führung soll in international agierende Organisationen gefördert werden? Ausgehend von Forschungsergebnissen, wie z. B. aus der GLOBE-Studie, spricht Vieles für eine Fokussierung auf solche Führungsstile, die in allen beteiligten Gesellschaftskulturen positive Resonanz erfahren. Beispielsweise lässt sich Charisma in Trainings durchaus fördern (Antonakis et al. 2011).
2. Das Training grundlegender Führungskompetenzen ist eine wichtige Voraussetzung für effektive Führung. Dabei gilt es, interkulturelle Aspekte entsprechend zu adressieren und Führungskräfte möglichst frühzeitig durch vielfältige Lernchancen (z. B. Führung von multikulturell besetzen Teams) und entsprechende Reflexionsmöglichkeiten auf die Herausforderungen im globalen Kontext vorzubereiten.

Die hier vorgestellten Ansätze und Modelle bieten einen Referenzrahmen, um diesen Herausforderungen zielgerichtet zu begegnen.

Was Sie aus diesem Essential mitnehmen können

- Solides Verständnis von Interkulturalität und ihrer Bedeutung in global agierenden Organisationen
- Erkenntnisse zur Führung von Mitarbeitern im interkulturellen Kontext
- Einblick in Kompetenzen, die zum Meistern interkulturell herausfordernder Situationen unerlässlich sind
- Konkrete Hinweise zu HR-Maßnahmen, die zum Training und zur Entwicklung interkultureller Führungskompetenzen geeignet sind

© Springer Fachmedien Wiesbaden 2016
R. M. Gasteiger et al., *Interkulturelle Führung in Organisationen*, essentials,
DOI 10.1007/978-3-658-12301-7

Literatur

Antonakis, J., Fenley, M., & Liechti, S. (2011). Can charisma be taught? Tests of two interventions. *Academy of Management Learning and Education, 10,* 374–396.

Bass, B. M., & Avolio, B. J. (1990). The implications of transactional and transformational leadership for individual, team, and organizational development. *Research in Organizational Change and Development, 4,* 231–272.

Bird, A., & Osland, J. (2004). Global competencies: An introduction. In H. Lane, M. Maznevski, M. Mendenhall, & J. McNett (Hrsg.), *Handbook of global management* (S. 57–80). Oxford: Blackwell.

Bird, A., Stevens, M., Mendenhall, M., & Oddou, G. (2002). *The global competencies inventory.* St. Louis: The Kozai Group.

Bird, A., Mendenhall, M., Stevens, M., & Oddou, G. (2010). Defining the content domain of intercultural competence for global leaders. *Journal of Managerial Psychology, 25,* 810–828.

Bolten, J. (2006). Interkultureller Trainingsbedarf aus der Perspektive der Problemerfahrung entsandter Führungskräfte. In K. Götz (Hrsg.), *Interkulturelles Lernen. Interkulturelles Training* (6. Aufl., S. 57–76). München: Hampp.

Bolten, J. (2007). *Interkulturelle Kompetenz.* Erfurt: Thüringer Landeszentrale für politische Bildung.

Brodbeck, F. C., & Frese, M. (2007). Societal culture and leadership in Germany. In J. S. Chhokar, F. C. Brodbeck, & J. R. House (Hrsg.), *Culture and leadership across the world* (S. 147–214). New York: Lawrence Erlbaum.

Caligiuri, P., & Tarique, I. (2012). Dynamic cross-cultural competencies and global leadership effectiveness. *Journal of World Business, 47,* 612–622.

Cartwright, S. (2005). Mergers and acquisitions: An update and appraisal. *International Review of Industrial and Organizational Psychology, 20,* 1–38.

Chokhar, J. S., Brodbeck, F. C., & House, R. J. (Hrsg.). (2007). *Culture and leadership across the world.* NewYork: Lawrence Erlbaum.

Conger, J. (1992). *Learning to lead: The art of transforming managers into leaders.* San Francisco: Jossey-Bass.

Conger, J. A. (2014). Addressing the organizational barriers to developing global leadership talent. *Organizational Dynamics, 43,* 198–204.

Den Hartog, D. N., & Koopman, P. L. (2001). Leadership in organizations. In N. Anderson, D. S. Ones, H. K. Sinangil, & C. Viswesvaran (Hrsg.), *Handbook of industrial, work and*

© Springer Fachmedien Wiesbaden 2016

R. M. Gasteiger et al., *Interkulturelle Führung in Organisationen*, essentials,

DOI 10.1007/978-3-658-12301-7

organizational psychology, Volume 2: Organizational psychology (S. 166–187). Thousand Oaks: Sage.

Dickson, M. W., Den Hartog, D., & Mitchelson, J. K. (2003). Research on leadership in a cross-cultural context: Making progress, and raising new questions. *Leadership Quarterly, 14,* 729–768.

Dickson, M. W., Castaño, N., Magomaeva, A., & Den Hartog, D. N. (2012). Conceptualizing leadership across cultures. *Journal of World Business, 47,* 483–492.

Earley, P. C., & Ang, S. (2003). *Cultural intelligence: An analysis of individual interactions across cultures*. Palo Alto: Stanford University Press.

Earley, P. C., & Mosakowski, E. (2004). Cultural intelligence. *Harvard Business Review, 82,* 139–146.

Earley, P. C., Ang, S., & Joo-Seng, T. (2006). *CQ. Developing cultural intelligence at work*. Stanford: Stanford University Press.

Erez, M., & Earley, P. C. (1993). *Culture, self-identity and work*. New York: Oxford University Press.

Fowler, S. M., & Blohm, J. M. (2004). An analysis of methods for intercultural training. In D. Landis, J. M. Bennett, & M. J. Bennett (Hrsg.), *Handbook of Intercultural Training* (S. 37–84). Thousand Oaks: Sage.

French, R. (2010). *Cross-cultural management: In work organisations* (2nd Aufl.). London: Chartered institute of personnel and development.

Gertsen, M. (1990). Intercultural competence and expatriates. *International Journal of Human Resources Management, 1,* 341–362.

Guirdham, M. (2005). *Communicating across cultures at work*. (2nd Aufl.). Hampshire: Palgrave Macmillan.

Guthey, E., & Jackson, B. (2011). Cross-cultural leadership revisited. In A. Bryman, D. Collinson, K. Grint, B. Jackson, & M. Uhl-Bien (Hrsg.), *The Sage handbook of leadership* (S. 165–178). London: Sage.

Hall, E. T. (1959). *The silent language*. New York: Anchor.

Hammer, M. R., Gudykunst, W. B., & Wiseman, R. L. (1978). Dimensions of intercultural effectiveness: An exploratory study. *International Journal of Intercultural Relations, 2,* 382–393.

Hofstede, G. (1991). *Culture and organizations: Software of the mind*. London: McGraw-Hill.

Hofstede, G. (1993). Cultural constraints in management theories. *Academy of Management Executive, 7,* 81–94.

Hofstede, G. (1997). *Lokales Denken und globales Denken: Kulturen, Zusammenarbeit und Management*. München: Beck.

Holt, K., & Seki, K. (2012). Global leadership: A developmental shift for everyone. *Industrial and Organizational Psychology, 5,* 196–215.

House, R. J., Wright, N. S., & Aditya, R. M. (1997). Cross-cultural research on organizational leadership. A critical analysis and a proposed theory. In P. Ch. Earley & M. Erez (Hrsg.), *New perspectives on international industrial/organizational Psychology* (S. 535–625). San Francisco: New Lexington Press.

House, R. J., Hanges, P. J., Ruiz-Quintanilla, S. A., Dorfman, P. W., Javidan, M., Dickson, M. W., et al. (1999). Cultural influences on leadership and organizations: Project GLOBE. In W. H. Mobley, M. J. Gessner, & V. Arnold (Hrsg.), *Advances in global leadership* (S. 171–233). Stamford: JAI Press.

House, R. J., Javidan, M., Hanges, P., & Dorfman, P. (2002). Understanding cultures and implicit leadership theories across the globe: An introduction to project GLOBE. *Journal of World Business, 37,* 3–10.

House, R. J., Hanges, P. J., Javidan, M., Dorfman, P. W., & Gupta, V. (Hrsg.). (2004). *Culture, leadership, and organizations: The GLOBE study of 62 societies.* Thousand Oaks: Sage.

Johnson, H. H. (2008). Mental models and transformative learning: The key to leadership development? *Human Resource Development Quarterly, 19,* 85–89.

Kaschube, J. (1997). *Ziele von Führungsnachwuchskräften. Berufliche Entwicklung nach der Einarbeitung.* München: Rainer Hampp.

Kaschube, J., Gasteiger, R. M., & Oberhauser, E. (2012). Interkulturelle Führung. In S. Grote (Hrsg.), *Zukunft der Führung* (S. 437–451). Berlin: Springer.

Kittler, M. G., Rygl, D., & Puce, T. (2009). Kulturelle Intelligenz, Distanz und Anpassung von Führungskräften im Ausland. *Zeitschrift für Management, 4,* 29–52.

Kluckhohn, C. (1951). Values and values orientations in the theory of action. An exploration in definition and classification. In T. Parsons & E. A. Shils (Hrsg.), *Towards a general theory of action* (S. 388–433). Cambridge: University Press.

Kotter, J. P. (2013). *Management is (still) not leadership.* https://hbr.org/2013/01/management-is-still-not-leadership.html. Zugegriffen: 15. Okt. 2015.

Kühlmann, T. (2004). *Auslandsentsendung von Mitarbeitern.* Göttingen: Hogrefe.

Leung, K., Ang, S., & Tan, M. L. (2014). Intercultural competence. *Annual Review of Organizational Psychology & Organizational Behavior, 1,* 489–519.

Lord, R. G., & Maher, K. J. (1991). *Leadership and information processing: Linking perceptions and organizational performance.* New York: Routledge.

McAllister, D. J. (1995). Affect- and cognition-based trust as foundations for interpersonal cooperation in organizations. *Academy of Management Journal, 38,* 24–59.

Mendenhall, M. E., & Bird, A. (2013). In search of global leadership. *Organizational Dynamics, 42,* 167–174.

Mendenhall, M. E., Reiche, B. S., Bird, A., & Osland, J. S. (2012a). Defining the "global" in global leadership. *Journal of World Business, 47,* 493–503.

Mendenhall, M. E., Stevens, M. J., Bird, A., Oddou, G. R., & Osland, J. (2012b). Specification of the content domain of the intercultural effectiveness scale. *The Kozai Monograph Series, 1*(3), 1–26.

Mertesacker, M. (2010). *Interkulturelle Kompetenz im Internationalen Human Resource Management.* Köln: Lohmar.

Miladinovic, M. (2014). Outstanding leadership across cultures. *AFS Intercultural Link, 5,* 8–9. http://www.afs.org/blog/icl/?p=4864. Zugegriffen: 15. Okt. 2015.

Moosmüller, A. (1996). Interkulturelle Kompetenz und interkulturelle Kenntnisse. In K. Roth (Hrsg.), *Mit der Differenz leben* (S. 271–290). Münster: Waxmann.

Moosmüller, A. (1997). Kommunikationsprobleme in amerikanisch-japanisch-deutschen Teams: Kulturelle Synergie durch interkulturelles Training? *Zeitschrift für Personalforschung, 11,* 282–298.

Mor, S., Morris, M., & Joh, J. (2013). Identifying and training adaptive cross-cultural management skills: The crucial role of cultural metacognition. *Academy of Management Learning & Education, 12,* 453–475.

Morris, M., & Robie, C. (2001). A meta-analysis of the effects of cross-cultural training on expatriate performance and adjustment. *International Journal of Training and Development, 5,* 112–125.

Ng, K.-Y., & Earley, P. Ch. (2006). Culture & intelligence: Old constructs, New Frontiers. *Group & Organization Management, 31,* 4–19.

Ng, K.-Y., van Dyne, L., & Ang, S. (2009). From experience to experiential learning: Cultural intelligence as a learning capability for global leader development. *Academy of Management Learning & Education, 8,* 511–526.

Osland, J. S. (2008). Overview of the global leadership literature. In M. Mendenhall, J. S. Osland, A. Bird, G. Oddou, & M. Maznevski (Hrsg.), *Global leadership: Research, practice and development* (S. 34–63). London: Routledge.

Osland, J., & Bird, A. (2006). Global leaders as experts. In W. Mobley & E. Weldon. (Hrsg.), *Advances in global leadership* (Bd. 4, S. 123–142). Stamford: JAI Press.

Rosenstiel, L. v., & Kaschube, J. (2014). Führung. In H. Schuler & U. P. Kanning (Hrsg.), *Lehrbuch der Personalpsychologie* (3. Aufl., S. 677–724). Göttingen: Hogrefe.

Schein, E. H. (2004). *Organizational culture and leadership* (3. Aufl.). San Francisco: Jossey-Bass.

Scheitza, A. (2009). Interkulturelle Kompetenz. Forschungsansätze, Trends und Implikationen für interkulturelle Trainings. In M. Otten, A. Scheitza, & A. Cnyrim (Hrsg.), *Interkulturelle Kompetenz im Wandel* (Bd. 1, S. 91–119). Münster: LIT.

Schmidt, F. L., & Hunter, J. E. (2000). Meßbare Personmerkmale: Stabilität, Variabilität und Validität zur Vorhersage zukünftiger Berufsleistung und berufsbezogenen Lernens. In M. Kleinmann & B. Strauß (Hrsg.), *Potentialfeststellung und Personalentwicklung* (S. 15–43). Göttingen: Verlag für Angewandte Psychologie.

Schulze, R., Freund, P. A., & Roberts, R. D. (Hrsg.). (2006). *Emotionale Intelligenz. Ein internationales Handbuch.* Göttingen: Hogrefe.

Smith, P. B., Trompenaars, F., & Dugan, S. (1995). The Rotter locus of control scale in 43 countries: A test of cultural relativity. *International Journal of Psychology, 30,* 377–400.

Tarique, I., & Caligiuri, P. (2009). The role of cross-cultural absorptive capacity in the effectiveness of in-country cross-cultural training. *International Journal of Training & Development, 13,* 148–164.

Thomas, A. (1993). Psychologie interkulturellen Lernens und Handelns. In A. Thomas (Hrsg.), *Kulturvergleichende Psychologie* (S. 377–424). Göttingen: Hogrefe.

Thomas, A. (2011). *Interkulturelle Handlungskompetenz.* Wiesbaden: Gabler.

Thomas, A., & Utler, A. (2013). Kultur, Kulturdimensionen und Kulturstandards. In P. Genkova, T. Ringeisen & F. T. L. Leong (Hrsg.), *Handbuch Stress und Kultur. Interkulturelle und kulturvergleichende Perspektiven* (S. 41–50). Wiesbaden: Springer.

Thomas, D. C., Elron, E., Stahl, G., Ekelund, B. Z., Ravlin, E. C., Cerdin, J.-L., Poelmans, S., Brislin, R., Pekerti, A., Aycan, Z., Maznevski, M., Au, K., & Lazarova, M. B. (2008). Cultural intelligence: Domain and assessment. *International Journal of Cross-Cultural management, 8,* 123–143.

Uhl-Bien, M., Marion, R., & McKelvey, B. (2007). Complexity leadership theory: Shifting leadership from the industrial age to the knowledge era. *Leadership Quarterly, 18,* 298–318.

Van Der Zee, K. I., & Van Oudenhoven, J. P. (2000). The multicultural personality questionnaire: A multidimensional instrument for multicultural effectiveness. *European Journal of Personality, 14,* 291–309.

Volmer, J., & Staufenbiel, T. (2006). Entwicklung und Erprobung eines Interviews zur internationalen Personalauswahl. *Zeitschrift für Arbeits- und Organisationspsychologie, 50,* 17–22.

Watzlawick, P., Beavin, J. H., & Jackson, D. D. (1990). *Menschliche Kommunikation. Formen, Störungen, Paradoxien.* Bern: Huber.

Yukl, G. A. (2013). *Leadership in organizations* (8th Global Ed.). Harlow: Pearson.

Web-Links

Global Competencies Inventory (GCI) (englisch). http://www.kozaigroup.com/global-competencies-inventory-gci. Zugegriffen: 1. Jan. 2016.

Individuelles kulturelles Profil (englisch). https://hbr.org/web/assessment/2014/08/whats-your-cultural-profile. Zugegriffen: 1. Jan. 2016.

Intercultural Effectiveness Scale (IES) (englisch). http://www.kozaigroup.com/intercultural-effectiveness-scale-ies. Zugegriffen: 1. Jan. 2016.

„Zum Weiterlesen" (Weiterführende Literatur als Tipp für den Leser)

Meyer, E. (2014). *The culture map. Breaking through the invisible boundaries of global business.* New York: PublicAffairs.

Meyer, E. (2015). So meistern sie das kulturelle Minenfeld. *Harvard Business Manager, 1,* 90–95.